VENDITUM

Las técnicas infalibles del
vendedor exitoso
Por Daniel Alvarado

Copyright

Agradecimiento

Para mi familia. Por aguantar mis continuas historias sobre ventas, mis sueños y obsesión.

Contenido

Introducción

No importa lo que te haya ocurrido en el pasado, no eres tu pasado, eres los recursos y las capacidades que hayas recogido de él. Y esa es la base para cualquier cambio.

Jordan Belfort

Todos los días nos estamos vendiendo. Seis de la mañana. Hoy nos levantamos con buen humor y por la radio escuchamos las noticias. Siete treinta. Al salir a la calle vemos un panorámico anunciando bajar de peso. Un vagabundo nos pide dinero. Ocho cuarenta y cinco. Si vamos en auto alguien nos solicita el paso. Nueve de la mañana. Al llegar a la oficina el jefe nos dice que nuestro reporte fue rechazado y hay que hacerle ajustes. Por la tarde regresamos a casa y nuestro vecino nos explica que el fin de semana cocinará un platillo especial. Dos para llevar por favor. Nueve de la noche. El teléfono suena. Un familiar nos recuerda la cena tradicional de Navidad. Hay que llevar regalos.

Sucede en la escuela, en la casa o con los amigos. Nos comunicamos con nuestros jefes y con la familia. Es inevitable. Decenas de personas a diario tratan de hacernos comprar una idea, un producto o pedirnos un favor. Desde la amistad hasta un bien inmueble, el intercambio de productos y servicios es parte de nuestra vida diaria. Pero nadie nos enseñó cómo vender. Fuimos criados con la falsa suposición de que las transacciones no eran importantes. Algunos logran aprender y perfeccionar el arte de la persuasión. Otras personas no tienen tanta suerte.

Como vendedor tienes que entender a tus clientes. Hoy sabemos que la gran mayoría de los individuos se deja llevar por las emociones a la hora de adquirir un producto o servicio. Una palabra, un objeto o el tono de expresión pueden ser factores definitivos para que se concrete una venta. Nuestra tarea es identificar cuáles son los botones indicados para tener una ventaja en el mercado laboral. Cuando comencé mi carrera en *Marketing* nunca pensé que la profesión de ventas fuera la mancuerna más poderosa que iba a desear. He visto que aproximadamente un 70% de las personas que solicitan un empleo de vendedores fracasan y desertan en los primeros 30 días. Otro 20% de los aspirantes renuncian a los 45 días de haber experimentado el estrés de las transacciones. Solo un 5% de las personas que lograron permanecer al menos dos meses ofreciendo productos, comenzaron a ver beneficios financieros. Únicamente un 5% de los vendedores sobresale con ingresos formidables. Ahora quiero presentarte cómo este último grupo de personas tiene éxito.

Hoy te has topado con este libro. Escrito de forma clara y concisa, en este volumen te presento la historia de Danilo Zafhir: un hombre dedicado al área de *Marketing* y Ventas que es invitado a colaborar en una investigación relacionada con un grupo de vendedores de un *Call Center* de seguros financieros en México. Los hallazgos que encontró Danilo Zafhir durante el proyecto son importantes porque muestran cómo un grupo de novatos se transformó en un clan de asesores diestros en persuasión. Aunque el aprendizaje comercial es algo cotidiano, el avance en estos asesores se dio de una forma peculiar y misteriosa.

Sin alterar la forma en que sucedieron los eventos comenzaremos la lectura con un interrogatorio realizado a Danilo Zafhir. "La entrevista" es el punto de partida como una serie de preguntas y respuestas que relatan los problemas que tenían los líderes de un *Call Center* así como el término del proyecto de Danilo Zafhir.

En los siguientes capítulos presento la lista de técnicas empleadas que el investigador vio en el grupo de asesores. Este apartado lleva el título "Las técnicas de venta". Esta lista debe ir acompañada de la práctica. Una estrategia escrita aquí puede fracasar si no la realizas correctamente. Puedo decirte que el vendedor exitoso se basa en la emoción para generar el deseo de compra. En la película de El Lobo de Wall Street, Jordan Belfort utilizó muchas de las estrategias que en este libro se exponen. Hoy en día se considera uno de los mejores vendedores; tácticas como el carisma, la autoridad y la sanción social fueron técnicas que lo hicieron llegar a la cima del éxito.

Es posible que muchas de las cosas que te incluyo aquí te parezcan obvias. Sonreír a tu cliente, tratarlo con honestidad, escucharlo e informarle correctamente son detalles ganadores en el proceso de venta. Aunque no lo creas muchas personas no lo integran en su estrategia de negocios.

Otro punto primordial que abordo en las técnicas es la importancia de darle seguimiento al cliente. Algunos vendedores profesionales distinguen entre una venta y un cliente. Una venta es una operación exitosa con una persona, mientras que un cliente es aquella persona que te compra en repetidas ocasiones. Vender es el primer paso pero lograr que nos compren repetidas veces es lo que distingue a un maestro de un comerciante cualquiera. Los vendedores "perros" como dice Kiyosaki no son aquellos que ladran sino los que saben mover la cola para que se ganen a su amo. Las técnicas no se deben ejecutar a manera de fuerza ruda; se emplean a manera de arte y ciencia.

No todo lo que expongo es trucos y líneas para obtener a un cliente. El santo grial de aquellos que somos fanáticos del *Marketing* y Ventas se compone de la tasa de cierre y el *Storytelling*. La medida de cierre es un indicador que los analistas de Comercio y *Marketing* utilizan para medir su efectividad (aunque complica mucho las cosas) pero una vez que lo dominas te permitirá vender al doble con el mismo esfuerzo. Esta tasa implica obtener más ingresos con mejores estrategias y técnicas. Hay todo un capítulo dedicado a esta métrica.

Además de las estrategias para tu éxito como vendedor necesitarás aprender cómo guiar a tu equipo para que posea tus mismas habilidades. Saber escoger a los que tienen las aptitudes necesarias de ventas es parte de lo que te ofrezco también en estas líneas.

Al término de las indagatorias de la compañía de seguros, Danilo Zafhir entregó a los líderes del *Call Center* un reporte de actividades. Este apartado se llama "Las cartas *Venditum*". El nombre del documento hace referencia a las herramientas que los asesores utilizaron. Los instrumentos de los asesores son dibujos que te causarán intriga.

"Las cartas *Venditum*" que Danilo Zafhir analizó tienen el ingrediente del *Storytelling*. El *Storytelling,* se refiere a la disciplina y práctica de contar historias. El ser humano vive y goza con las historias. No es casualidad que la industria del entretenimiento en cinematografía, música, noticias y juegos sea tan importante en el mundo. Las personas de éxito en *Marketing* y Ventas lo aplican perfectamente.

Para que puedas disfrutar mejor este libro piensa: ¿cuál es el perfil de mi cliente ideal? ¿Qué le gusta? ¿Cada cuándo adquiere nuevos productos? ¿Cómo debo contar mi historia? Analiza su lado emocional también, ya que 9 de cada 10 veces por ahí es dónde podemos apelar a su deseo de compra.

Por último quisiera agradecerte que te tomes el tiempo para convertirte en un gran vendedor. Al ser una actividad práctica, pocas personas se toman el tiempo del auto estudio. Tú eres parte de aquellos que quieren ser reconocidos como legendarios. Aplica lo que te evidencio aquí. Tus ingresos mejorarán.

Daniel Alvarado

¿Quién puede utilizar este libro?

Aunque este ejemplar puede ser usado por todas las personas interesadas en comunicación persuasiva, existe un público específico que sabrá sacarle el mayor provecho posible. A continuación te presento una lista de personas a las cuales dirijo este libro:

- **Estudiantes y jóvenes egresados:** si todavía sigues estudiando o ya egresaste, un sumario práctico de ventas será esencial para convencer una empresa o institución para que te contrate. Si vas a una entrevista de trabajo, te estarás vendiendo a ti mismo y a tus habilidades.

- **Vendedores:** este libro funciona muy bien para vendedores en *telemarketing*. Sin embargo los agentes inmobiliarios, ventas casa por casa, ventas por catálogo y relaciones B2B se verán beneficiados. Un *pitch* de ventas es de tiempo limitado y lograr convencer a la gente en un minuto no es tarea fácil.

- **Profesionales de *Marketing*:** para que una campaña publicitaria tenga éxito, es de vital importancia que la empresa logre capitalizar beneficios. En otras palabras, que el esfuerzo de *Marketing* produzca ingresos. Los expertos en comunicación pueden emplear esta obra como un manual para mejorar sus campañas y entender la naturaleza de las Ventas.

- **Emprendedores:** las personas que están comenzando un negocio tienen que salir a vender su idea. Las ventas se tornan muy importantes para este público por la necesidad de obtener fondos monetarios. La aplicación de las técnicas y la filosofía de *Venditum* será de gran apoyo en relaciones comerciales, contactos profesionales y oferta de producto.

Usos y beneficios de esta obra

Las ventas involucran varias ramas importantes del conocimiento: psicología, lenguaje corporal, retórica y estadística. Cada una de las técnicas mencionadas usa algo en específico de ellas. Uno de los beneficios de leer este texto es que te mostrará ideas que quizás sean totalmente novedosas para ti. Conceptos como *leads*, *pitch*, AIDA, *funnel* y tasa de cierre son parte de la jerga.

Usa este libro como referencia de bolsillo. Antes de hablar con tus prospectos escoge una o dos técnicas que quieras practicar y ve hasta dónde te lleva. Quizás quieras venderle tu celular de medio uso a un amigo o convencer a tu pareja de irse al Caribe en lugar de las Vegas. Ya sea que uses la técnica de la calculadora o la vergüenza, cada vez te será más fácil convencer a alguien de comprar tu idea, producto, servicio u opinión.

Cuando domines más de la mitad de las técnicas mostradas en este compendio te habrás convertido en un experto de la psicología del consumidor. Sabrás quiénes son susceptibles de que te compren, quiénes pueden convertirse en clientes en lugar de simples compradores y qué necesitas hacer para medir tu nivel de éxito.

No intentes practicar todo en una sola persona, usa ocasionalmente una técnica cuando no puedas convencer a alguien de comprar. Si abusas de las técnicas con un solo cliente es posible que se dé cuenta y provoque el efecto contrario al deseado. Sé sutil y busca mezclar la plática con la técnica; un vendedor hábil hace que el cliente tome la decisión de comprar.

¿De dónde ha salido este compendio?

Lo primero que notarás en esta publicación es el título: "*Venditum*. Las técnicas infalibles del vendedor exitoso."

En este libro encontrarás en su mayoría técnicas que tienen el fin de aumentar tu efectividad en las ventas. Las técnicas de venta no lo son todo en el proceso de vender; la prospección, detección de necesidades, presentación y seguimiento son importantes también. Sin embargo, dadas las cientos de técnicas que utilizan los vendedores, quise ponerlas a la mano para aquellos profesionales que desean aumentar sus ingresos.

La palabra *Venditum* en latín significa "ventas". Los mejores vendedores cuentan con un abanico de opciones para abordar un prospecto tal como los jugadores de *poker* cuentan con un manojo de cartas. Un agente de ventas con gran trayectoria sabe que hay una estrategia para cada cliente; igual sucede con un jugador de *poker* y su manojo de cartas. Por ende, al estudiar a los mejores vendedores es posible obtener estas cartas y compartirlas con otras personas. El resto es práctica. Lo he visto. Me consta. De hecho en este libro lo cuento. Y es por eso que este texto se complementa con un manojo de cartas que llamamos *Venditum*. Es muy similar a unas cartas de *poker*. Sin embargo este manojo de cartas es una insignia y herramienta que solo entregamos a los mejores vendedores y profesionales de *Marketing*. La finalidad de estas cartas es codificar en símbolos varias estrategias que son imprescindibles en ventas. En esta edición presento por primera vez a manera de entrevista detalles del origen de estas cartas y estas técnicas.

Si deseas conocer más sobre las cartas *Venditum* podrás encontrar más información en el sitio Web

www.venditum.com.mx

1.- La entrevista

En esta tarde de otoño nos encontramos Danilo Zafhir, el abogado Ramírez, el Gerente de *Marketing* y Ventas de nombre Nicolás, el Administrador de Finanzas y yo. La sala de juntas en donde estamos se sitúa al centro de decenas de estaciones de trabajo dispuestas a manera de *Call Center*. Algunas voces ofreciendo seguros y planes financieros se mezclan con cobranza y soporte técnico. El sonar de los teléfonos es desmedido. Varios empleados hablan mirando al techo, otros caminan en círculos mientras que unos cuantos comparten ideas por el pasillo. A través del cristal y afuera del cuarto puedo ver un técnico conectando cables y portando lo que parece un taladro con una lámpara. El hombre está agachado. Al parecer busca algo. Quiero imaginar qué herramientas emplea, si pertenece también a la empresa o fue enviado por una agencia externa pero el arrastre de un bolígrafo sobre papel me devuelve la atención al presente: es el gestor de Finanzas quien realiza apuntes de forma rápida sobre un cuaderno.

¿Alguna vez has participado en una entrevista con un auditor? Al inicio parece algo confuso ya que las preguntas no tienen una secuencia específica, los temas son variados e incluso el tipo de consultas son muy diversas. Puedes imaginar estar con un auditor como si asistieras a un juicio legal. Revuelto o estructurado, el proceso de la entrevista es genuino. Es directo. Pregunta y respuesta. Mentira o verdad. Defendido. Acusado. Jueces. Jurado. De hecho, de esa forma le pasó a Danilo Zafhir cuando visitó México. Y de la misma forma quiero presentarlas. Me es imposible cambiar el estilo. Esta historia comienza con un hindú, investigador que conocí en la ciudad de Monterrey hace unos años, que la suerte y la naturaleza de su trabajo, lo llevarían a coincidir en el camino de un Gerente de Ventas de un *Call Center* regiomontano. O quizás el suertudo no fue el foráneo sino el empleado de la empresa regia.

La situación ocurre en Monterrey, Nuevo León, México. Es el mes de Octubre del 2011. Delante de mí está Danilo Zafhir que responde a las indagatorias del Lic. Ramírez, abogado de la compañía de seguros financieros.

-Describa su relación con el grupo de vendedores de la empresa de seguros.

-Ninguna. Mi labor ha sido analizar sus resultados, algunos expedientes, documentos personales y generar un reporte[1] de las técnicas de venta de este grupo de asesores.

-¿Por qué visitar México y cómo conoció al Gerente?

-En México tenemos una sucursal localizada en esta y otras ciudades. En Monterrey tuve la oportunidad de conocerlo. Nos encontramos en una capacitación de *Marketing* y *Storytelling* que yo iba a impartir en un hotel de la localidad.

-¿Cómo supo él que usted tenía habilidades en descifrar símbolos?

-Para ser precisos no son símbolos, sino historias. Contar historias es una práctica que apareció antes de la escritura. Durante la capacitación que dirigí y con presencia de Nicolás, ayudé a una participante que trabajaba para una empresa de venta al detalle con el breve análisis de *Marketing*. Estábamos en el tema de *Storytelling*

---

[1] El reporte aquí referido del que menciona Danilo Zafhir está basado en la disciplina del *Storytelling* que se empleó para analizar la situación de la empresa.

empresarial. La mujer tenía varios ejemplares de periódicos con notas que hablaban de su industria. Lo que nos dimos cuenta era que su competencia estaba sembrando los medios masivos con artículos específicos que al final contaban una historia.

-¿Por qué el jefe de los vendedores fue a verlo?
-Nicolás me solicitó ayuda para analizar unos expedientes de ventas de la empresa en que laboraban. Un día me envió un correo en el que mencionaba transacciones realizadas por el personal de su empresa. De hecho estaba interesado en saber por qué algunos vendedores aumentaban sus ingresos constantemente mientras otros se estancaban. Básicamente él quería entender qué factores intervenían en los equipos y dinámicas de ventas.

-¿Aceptó ayudarlo con dicho proyecto?
-No. Nicolás me insistió que duraría poco la investigación, pero yo no quería problemas. Además no recibiría honorarios por esta investigación y solo tenía 7 días según me dijo. ¿Cuál sería el alcance de mi investigación? ¿A quién afectaría?

-De los expedientes que menciona, ¿usted tiene alguna jurisdicción sobre dichos textos y recursos informativos?

-No. Fue más que nada por el jefe de los vendedores quien me solicitó ayuda para analizar los datos.

-¿Por qué usted y no otra persona?

-Según comentó yo tenía experiencia en investigaciones internas y despidos de trabajadores. Y esto porque en el año 2000 tuve la desgracia de participar en un comité que dirigía despidos masivos de empleados con malas prácticas.

-Específicamente ¿qué quería el Gerente de usted?

-Él tenía que armar un caso para complementar información de desempeño de uno de los grupos. Su equipo de ventas estaba siendo acusado de fraude y los vendedores podrían perder su trabajo.

-¿Cuándo comenzó este trabajo[2]?

-En el año 2011 cuando tuve la oportunidad de visitar México.

---

[2] Se refiere a la investigación entre el Administrador y Danilo Zafhir.

-¿Por qué su estancia en México es tan corta?

-La respuesta es sencilla: tengo que regresar con mi familia. Uno de mis hijos tiene un problema de salud.

-¿En algún momento él reveló su puesto?

-Me dijo que era el Gerente de *Marketing* y Servicio al Cliente de una empresa de seguros. Además me platicó que estaba interesado en saber más de las historias y empresas. Intercambiamos correos y con ello experiencias.

-¿Sabe cuál es el trabajo de Nicolás?

-Su trabajo en la empresa de seguros se centra en generar contactos (nombre, apellido, teléfono, correo, etc.) de personas interesadas en servicios financieros. Se asegura que cuando un asesor llega por la mañana a la empresa y enciende la computadora cientos de nombres nuevos aparecen para poder contactarlos por teléfono o por correo. De esta manera el asesor puede comunicarse inmediatamente con el prospecto interesado.

-¿Existe algún problema con este proceso?

-Vaya, este funcionamiento no es nada nuevo y muchas empresas dedicadas a las ventas en Centros de Contacto lo hacen. Al principio pensé que era fácil y que el caso podría explicarse porque alguien estaba haciendo mal la repartición de contactos, por descuido de los asesores en sus llamadas, porque algunos nombres eran falsos, etc. El caso debía tener una explicación medible.

-¿Se encontró alguna anomalía en el proceso?

-Las ventas del grupo[3] se componían por ventas individuales a usuarios finales y ventas a empresas por volumen. De forma general, el grupo no tenía nada de extraño puesto que el 70% de sus ingresos los obtenía de ventas finales mientras que un 30% eran provenientes de empresas. Así eran la mayoría de los equipos. Vaya un vendedor puede realizar una transacción para una persona en particular (1 a 1), o bien se puede completar una venta a nombre de una empresa y así entregar un servicio a varias personas (1 a muchos).

---

[3] Aunque el Gerente tenía la responsabilidad de todos los vendedores del *Call Center* como encargado del área de *Marketing* y Ventas, también tenía la dirección local sobre un equipo de vendedores.

-¿Por qué dice que "así eran la mayoría de los equipos"?

-De acuerdo con Nicolás, una de las actividades que estaban aplicando al departamento de Ventas era la formación de equipos. La dinámica era simple: se formaron células de 10 a 20 agentes liderados por un supervisor. La meta global del departamento de Ventas se repartía por partes iguales a cada uno de los grupos completos. La agrupación que llegaba a la meta de ventas primero, ganaba. Según él en esta empresa había 20 células. Sucede que la dinámica de metas por equipos tenía 12 meses de haberse aplicado.

-¿Encontró algo fuera de lo común en Ventas?

-Lo que sí era cuestionable del equipo del Gerente era que todas las ventas empresariales provenían solo de un cliente: una empresa automotriz aparecía constantemente. Sin embargo, las ventas eran genuinas. Al revisar la información de los pagos no se encontró ningún dato fraudulento[4]. La tasa de cierre era sobresaliente para este equipo: 8% de registro a venta.

-¿Qué significa la tasa de cierre?

-Es un indicador que se emplea en Ventas. Por lo general se refiere a la métrica de éxito de registro a ventas. Si un vendedor tiene 100 contactos y logra que 8 prospectos se conviertan en clientes, entonces decimos que tiene una tasa del 8%.

-¿Encontró algo fuera de lo común en publicidad?

-Las campañas de difusión estaban alineadas con los esfuerzos de venta de los asesores. Cada peso invertido por la empresa estaba orientado a que los asesores recibieran listas y bases de personas interesadas para contactar[5].

-¿Podría indicarnos su preparación?

-Tuve la oportunidad de haber trabajado para empresas de la India de servicios con *Call Center*s con plantillas

---

[4] Esta es una verdad a medias: aunque al equipo de ventas bajo sospecha no se le encontró irregularidades, el resto de los equipos sí presentaban anomalías en sus prácticas.
[5] El departamento de *Marketing* invertía cada año varios millones de dólares en publicidad.

promedio de 500 asesores. Mi *expertise* está en el área de *Marketing*, Ventas y Servicio al cliente. Tengo 20 años de experiencia en atracción de clientes, en el área de ventas, servicio y cobranza. Comencé mi carrera en el año 1995 cuando me gradué de la universidad. Por mi trabajo, podrá imaginarse que me ha tocado experimentar llamadas, quejas, sugerencias, logros, metas, comisiones e infinidad de aventuras con el personal de *Call Center*. Mi pasión en todo esto son los relatos. Las historias que contamos y que suceden en el día a día con clientes, amigos, empleados o jefes.

-¿A qué se refiere en su reporte que encontró dibujos y escenas de paisajes?

-El Administrador insistió en verme después de la capacitación; me preguntó si todavía estaba dispuesto a orientarlo en el tema de las historias y que le brindará un análisis de la problemática de su empresa aplicando mi área de experiencia. Yo le confirmé que con mucho gusto podría ayudarle mientras estuviera en México y que lo haría en mis horas libres. Él me indicó que me iría dando toda la información que estuviera a su alcance mientras sacaba de una mochila un paquete de hojas y cuadernos. Algo que llamó mi atención fue un escrito que me mostró de uno de los asesores. "Lo que verás es muy extraño", me dijo. Era una libreta de notas. Al mostrarme su contenido, yo solo veía datos y garabatos. Le dije que números, nombres, productos, confesiones y recados era normal que un agente los plasmara en el día a día.

-¿Por qué el Gerente calificó aquél documento como extraño?

-Hubo una hoja que llamó mi atención: era la imagen de una familia en un prado observando como una casa se partía en dos. Puedo confesar que al inicio justifiqué al dueño de la libreta. Comenté con Nicolás que incluso los dibujos son algo que los seres humanos plasman cuando están imaginando y hablando. Al prestar más atención al boceto vi que tenía una firma. Él me informó que no era la del vendedor. Lo que era aún más, al cuestionarlo sobre qué tenía de extraño la libreta, me comentó que pertenecía a uno de los mejores vendedores. Ese día, me solicitó que de acuerdo a mi experiencia en *Storytelling* le interpretara qué significaba el boceto. Sinceramente yo no veía ninguna utilidad realizar un análisis de un dibujo aleatoria de no sé quién.

-¿Tiene usted preparación en México?

-No. Para los datos de este estudio solicité colaboración adicional.

-¿Puede describir cómo fue dicha colaboración y con quién?

-Solicité ayuda a Daniel Alvarado, colega que en ese tiempo laboraba en una empresa de cursos de inglés para que corroborara las técnicas de venta, grabaciones, comisiones, los reportes e inversión de Mercadotecnia. Dado que yo apenas estaba adquiriendo experiencia en asuntos de México, qué mejor que contar con la ayuda de un nativo del área y de la industria.[6]

El hindú gesticulaba en cada respuesta y hacía ademanes a medida que avanzaba el interrogatorio. ¿Cuáles son las características que distinguen a buen vendedor de uno promedio? Aun en círculos empresariales sigo escuchando discusiones si un empleado puede aprender a vender. Increíble. Si obtenemos fórmulas, motivación, teoría, información y práctica claro que nuestros indicadores tienen que mejorar. Sin embargo los buenos deseos no

---

[6] El autor me contactó y posteriormente me presentó al Gerente.

aportan nada de valor. Aumentar la base de prospectos con personas que no están interesadas tampoco incrementa los ingresos de las compañías. Ni lo pienses. Tampoco las ventas fraudulentas son recomendables porque son una aspirina y un engaño a corto plazo para los equipos que las practican.

La empresa de seguros aún no lo sabe, pero intuye que la solución a los problemas de venta no se encuentra en los indicadores. En este proyecto, Danilo Zafhir ha encontrado algo exótico de mucho valor. Afuera de la oficina los empleados del *Call Center* nos observan desconfiados. Miradas desafiantes. Me llama la atención que Danilo Zafhir toma constantemente su *smartphone*; parece recibir mensajes. El Administrador de Finanzas permanece absorto en su laptop. El Lic. Ramírez revisa los expedientes de varios vendedores.

La investigación sobre la plantilla de ventas culminó con el reporte final de Danilo Zafhir que incluía recomendaciones sobre el manejo de la marca y las transacciones del personal. El experto en *Storytelling* me pidió acudir junto con él a esta empresa de tele-ventas. Dado que los textos contenían un análisis de presupuestos, asignación de registros, grabación de llamadas y otras secciones elaboradas por mí, podría ser necesario que yo tuviera alguna participación.

Una caja de cartón frente a nosotros contenía la documentación dirigida al personal de la firma de seguros financieros. Había fotografías, notas, mapas y recortes de periódicos apilados. El informe contenía una sección dedicada a los símbolos y dibujos empleados por los trabajadores de la empresa de seguros. Por eso fue que coincidimos todos en el *Call Center*.

El Lic. Rodríguez no dejaba de hablar.

-¿Cómo fue elaborado el reporte que usted entregó?

-Fue un estudio exploratorio de tipo cualitativo[7]. Para poder brindar mi mejor análisis y descripción de la situación, solicité a Nicolás me permitiera quedarme por lo menos una semana con las notaciones de los vendedores. Todos los días después de realizar mi trabajo me encerraba en el hotel y dedicaba el resto de la noche para descifrar qué significaba todo aquello. Incluso solicité reportes de ventas, asistencias, llamadas telefónicas y

---

[7] Un estudio exploratorio es un abordaje en pequeña escala en donde el propósito del investigador es conocer más de la situación y generar conjeturas.

perfiles de los dueños de las libretas[8]. Tenía que saber exactamente a lo que enfrentaba.

-¿Cuáles son las características que según usted identificó en los vendedores?

-Seguros de sí mismos, confiados, con actitud de liderazgo, pero al mismo tiempo eran desorganizados, olvidadizos, faltos en análisis y cálculo. Rondaban entre los 20 y los 55 años. Eran personas muy enfocadas, de alta tolerancia a la presión, alegres y extrovertidas. Puedo decir que lo único que les hacía falta era la experiencia. De acuerdo con el Gerente, el grupo de vendedores tenía poco tiempo de haber entrado a la empresa y venía de la industria automotriz. Un dato extraño es que todos estos individuos presentaban cansancio y desvelo[9].

---

[8] Las hojas y materiales me fueron entregados y posteriormente yo entregué a Danilo Zafhir las conclusiones.

[9] Es probable que Danilo Zafhir se refiera al aspecto demacrado que tenían los integrantes del equipo del Administrador. Por desgracia se pasó por alto esta apariencia.

-¿Por qué aceptó usted participar en este análisis?

-Una noche Nicolás vino a verme; traía una bolsa de plástico. Al entregarme el envoltorio el Gerente me pidió que le echara un vistazo cuando terminara mi jornada. Al llegar al hotel y después de cenar, abrí la bolsa para revisar su contenido. Dentro del paquete estaba una nota que decía "20 mejores vendedores. ¿Adivina qué hay en sus libretas?" Esa noche descubrí que las 20 libretas contenían siempre una hoja con figuras y dibujos de paisajes. Mi duda nació en ese momento y me sigue fascinando todavía. Como revisor me resultó interesante saber ¿por qué los mejores vendedores dibujaban siempre la misma escena? ¿Por qué todas las hojas tenían la misma firma? ¿Por qué unas imágenes se repetían en todas las libretas de los vendedores y otras solo parcialmente?

-¿Planeaba usted utilizar los hallazgos que obtuviera de esta investigación en su trabajo o en otra área profesional?

-Tenía la sospecha que obtendría material que podría compartir más tarde con colegas.

-¿Por qué usted en su reporte final se refiere a los vendedores con nombre de dioses mitológicos?

-Durante las dinámicas de ventas que El Gerente realizaba, a cada equipo le pidieron que seleccionara una etiqueta para poder identificarse ante los demás. Un nombre ficticio. Esto también tenía motivos de aumentar la cohesión entre los integrantes del grupo. Durante la lluvia de ideas cientos de nombres fueron listados: nombres de magos, de animales, de construcciones, de países, payasos, guerreros, armas, caricaturas, colores, equipos de deportes, ciudades, etc. Sin embargo, una de las sugerencias que llamó la atención fue la de uno de los trabajadores cuando éste nombró a varios equipos como los dioses griegos y romanos. Por este método, no solo los nombres eran más fáciles de recordar sino que al mismo tiempo se ejemplificaban las características del dios seleccionado. Al final se decidió que los nombres de dioses griegos se quedaran. Por la información proporcionada por Nicolás los principales nombres elegidos fueron: Zeus, Poseidón, Hades, Ares, Apolo, Atenea, Hermes y Dionisio. El resto de los equipos eligieron nombres de dioses Romanos diferentes.

-Si usted dice que en la empresa se formaron células de 10 a 20 personas, en su reporte final ¿cuántas personas se estudiaron?

-Al segundo día de estar revisando las notas de los asesores recibí un mensaje de texto: "No tendremos mucho tiempo para revisar detalles", decía Nicolás. Por teléfono el Gerente me dijo que tenía que pasar a verme rápidamente para que le entregara varias libretas puesto que los vendedores tenían una auditoria al día siguiente y requerían los cuadernos para trabajar; no estaba autorizada la salida de documentos de la empresa. Sin esos papeles, tarde o temprano los otros asesores le echarían la culpa a él. A menos que yo le entregara un reporte convincente en 5 días que refutara la evidencia de la empresa respecto al fraude todo estaría perdido. El equipo de ventas acusado continuaba vendiendo a todo prospecto que se le cruzara y ahora se encontraba a solo unos pasos del equipo Zeus. Si todo continuaba así, en una semana el equipo acusado sería el No. 1 en ventas. Fue así como esa noche me quedé solo con la información de 7 hombres y 3 mujeres del equipo autodenominado "Hermes".

-¿Sabe usted por qué a este equipo se le acusa de fraude?

-De los 20 equipos de ventas, el grupo del dios Zeus, ostentaba el título primero (1°) desde hacía 6 meses sin poderlo desbancar ningún otro equipo. De acuerdo al Administrador, este grupo de asesores estaba conformado por expertos con más de 5 años de experiencia en ventas. Sin embargo, un nuevo equipo formado por novatos con menos del año de experiencia subía desde la posición más baja y ahora con solo 6 meses de haberse formado estaba en la posición 2. El equipo Hermes de acuerdo a los comentarios de Nicolás, era el favorito para desbancar al dios Zeus. No obstante las cosas no eran sencillas para el dios Hermes. Por tan rápido crecimiento, se ordenó que el departamento de Finanzas realizara una auditoria al nuevo equipo; incluso con posibilidad de despido.

-¿Cuándo entregó usted su reporte final?

-Me comuniqué con el Gerente y le dije que nos reuniéramos para entregarle el caso. Él recibió mi reporte en la mañana del quinto día.

El inspector se levantó de su silla y se acercó a la mesa en donde estaba la caja que contenía los impresos. Danilo Zafhir extendió el brazo y buscó entre los papeles el reporte final. Al tenerlo en sus manos lo colocó en la mesa frente a su silla. Al mismo tiempo el Lic. Rodríguez lanzaba comentarios que denigraban el rol de los acusados. El encargado de Finanzas y el abogado intercambiaban impresiones de la falta de ética de los vendedores.

Danilo repitió el proceso. El inspector sacó un cuaderno maltratado y aún de pie, comenzó a hojearlo. La libreta, ahora abierta, mostrando uno de los dibujos fue colocada junto al reporte. Danilo Zafhir refutaba cada comentario del abogado haciendo referencia a notas y cifras en los documentos. El Administrador de Finanzas, Nicolás y yo, mirábamos atentamente cómo el auditor continuaba sacando notas de apoyo. Por ejemplo, el extranjero nos enseñó un listado del software empleado por el *Call Center* y las gráficas con el ranking de vendedores. Se armó toda una discusión entre los presentes sobre la efectividad de las técnicas de venta. Danilo Zafhir defendió vigorosamente a los asesores del grupo Hermes contra las acusaciones de la gente de Finanzas y Legal. La problemática se alargó tanto que el extranjero tuvo que buscar en la caja de evidencias, la lista de técnicas de venta empleadas por los agentes. De forma paciente el revisor ilustró que todas las técnicas se repetían al momento de compararlas con las libretas de notas y que los símbolos eran identificables. En conclusión, para el hombre a cargo de la indagatoria, no había venta alguna que no haya sido realizada sin la ayuda de las cartas.

El Lic. Ramírez retomó la sesión.

-¿Por qué entregarlo casi al final y no tomarse más días?

-Al cuarto día de estar analizando el caso de los vendedores el Gerente me comentó que el equipo de Finanzas y Calidad habían reunido suficientes datos para eliminar al grupo Hermes de la competencia. Incluso fue solicitado que las cuentas de trabajo de los vendedores fueran congeladas mientras ese día se aclaraba todo. La tensión era alta pues con un día menos de operación la unidad Hermes tendría menos tiempo para participar. La célula Hermes solo necesitaba unas horas de trabajo para lograr el 1er lugar.

-¿Por qué, si usted dice que revisó 10 símbolos, solo entregó 9 de ellos?

-Aunque el Gerente me dejó 10 libretas al final solo pude entregar 9 porque una la perdí. La décima libreta la extravié en el hotel en donde me hospedaba mientras sostenía una plática con el botones en el lobby. Fue algo fuera de mi control[10].

-¿Qué es lo que usted sabe de la empresa automotriz?

-Se supo que los integrantes del equipo Hermes habían trabajado antes para una empresa automotriz y que muchas grabaciones de las ventas que realizaron durante sus horas de trabajo en el *Call Center* de seguros fueron enviadas a la agencia de autos; en dichas grabaciones se recopilaban docenas de casos de abusos cometidos por un supervisor de la agencia automotriz. La asociación Hermes había vendido pólizas de seguros a personas de la empresa automotriz que no eran prospectos

---

[10] Un caso extraño. La libreta fue extraviada en el hotel en donde se hospedaba Danilo Zafhir. Esta nota puede parecer innecesaria pero es un accidente que merece no pasarse por alto.

calificados. Lograron incluso enviar a los clientes morosos con departamentos de cobranza[11].

-¿Cree usted que estas ventas relacionadas con la agencia automotriz fueron fraudulentas?

-No lo creo. Por los reportes obtenidos del departamento de Calidad no hay información para suponerlo.

-¿Si el equipo Hermes no tenía suficiente experiencia con qué medios logró llegar al primer lugar y realizar las ventas a la agencia automotriz?

-Probablemente eso tenga ver con los documentos y simbología que cada vendedor empleaba[12].

-¿Cuáles son los hallazgos de su reporte?

-Por mi parte, encontré que los dibujos contenidos en las libretas tenían un patrón con las notas de los asesores. Algunos dibujos aparecían más veces en las anotaciones mientras que otros contenían notas o palabras clave.

---

[11] En otras palabras, los vendedores utilizaron las grabaciones del *Call Center* de Seguros en contra de los empleados de la agencia automotriz.

[12] Un experto no emplearía palabras como "probablemente". Danilo Zafhir mostraba recelo y no quería comprometerse.

-¿Usted realizó una investigación de todos los vendedores?

-Empleando el reporte de perfil de vendedor que me entregó Daniel Alvarado, las grabaciones[13], las ventas generadas por agente, las campañas de *Marketing* y las anotaciones de cada vendedor obtuvimos hallazgos asombrosos. Al final realicé una tipificación de cada uno de los dibujos que tuve oportunidad de revisar. Recordemos que el Gerente sólo me pudo dejar 10 libretas por motivos de seguridad. Cada libreta contenía varios dibujos. Algunos eran bocetos realizados al mínimo detalle. Pude encontrar que en ciertas hojas aparecían palabras sin sentido. Sin importar cuántos dibujos había en una libreta, siempre pude empatar uno principal, y lo supe porque continuamente encontré un dibujo con mayor detalle. De hecho, al final de cada uno de estos símbolos la letra "V" aparecía en la firma.

---

[13] Aclaración: las grabaciones y reportes de los vendedores incluían a toda la plantilla del *Call Center*.

-¿Los vendedores utilizaban estos bocetos para vender?

-Lo siento pero no tengo acceso al circuito cerrado de la empresa. Pero si puedo decir que hay muchas técnicas asociadas con la simbología que empleaba el equipo Hermes.

-¿A qué clase de técnicas se refiere que utilizaban los vendedores?

-Técnicas de cierre de ventas. Procesos de prospectación. Modelos de presentación. Todo lo relacionado con ventas.

-¿Los asesores estaban conscientes del significado de las cartas?

-No lo sé. Pero sí puedo decir que dependiendo de cuál imagen, dibujo o símbolo tuviera el vendedor, sería la técnica de venta que él utilizara. Siempre encontré este patrón.

-¿Por qué en su reporte le llama cartas a los símbolos que estaban en las libretas?

-Algunos vendedores no solo tenían libretas de anotaciones. Encontré varios recortes con pensamientos y recordatorios. Estos fragmentos eran pequeños, a manera de rectángulos, quizás 10cm de altura por 7cm de ancho. Estas secciones son similares a las cartas de *poker*.

-¿Qué es la letra V?

-Por rumores de los asesores significa *Venditum* o *Viator*. Una palabra en latín.

-¿Por qué no tratar de hablar con los vendedores para conocer su opinión y complementar el análisis?

-En el cuarto día contacté a uno de los agentes del equipo Hermes. Incluso nos reunirnos. El agente me confió algunos detalles que consideré para mi investigación. Al día siguiente me enteré que el vendedor fue despedido. Por alguna razón mi petición fue malinterpretada. Esto mermó mucho la investigación.

-¿Por qué no aceptó también la invitación para ser parte del comité de confianza laboral?

-La empresa de seguros me hizo la invitación. La rechacé primero por el poco tiempo que tenía. Aunque eso me hubiera dado acceso a testimonios directos con los empleados y hacer contrapeso a su despido, tengo que confesar que nunca me ha gustado presenciar este tipo de prácticas. Me negué; mi opinión era de poca importancia para los directivos de Recursos Humanos.

-¿Cuándo se dio cuenta usted que parte de las evidencias que le fueron entregadas no eran verídicas?

-Cuando entregué el reporte al quinto día volví a entrevistarme con el agente que había sido despedido. Después de la charla noté que su testimonio no cuadraba con la versión general. Por ejemplo, el asesor comentó que no todos los dibujos de las libretas pertenecían a su equipo y que desconocía su procedencia. Así, decidí realizar una revisión a mi trabajo. Terminé el quinto día el nuevo reporte final[14].

-¿Qué sucedió con los asesores cuando usted terminó su estancia en México?

-Al séptimo día recibí un correo del Gerente: el equipo Hermes había sido galardonado como el equipo novato del año con el récord más alto en los últimos 10 años. La

---

[14] Las cartas con información falsa eran la 11 y 12. La carta número 7 contenía notas relevantes y otras muy confusas; se decidió posponer la entrega de la 7.

investigación interna no encontró datos para afectar a nadie. El agente que había sido despedido fue restituido.

-¿Fue usted invitado a dar una charla a los empleados de la empresa de seguros?

-No exactamente. Me invitaron a dar un mensaje solamente.

2.- El discurso

Mensaje de Danilo Zafhir al final de la investigación sobre los vendedores de la firma de seguros. Estamos presentes todo el personal de la compañía y yo:

Howard Gardner de la Universidad de Harvard dijo que "Las historias son el arma más poderosa en el arsenal de un líder". Hoy estoy frente a ustedes después de una expedición que me ha cautivado en donde las ventas no son lo que parecen. Mi postura no es para evaluar sino para reconocer. En este viaje confirmo que los grandes vendedores son dioses en el arte de contar historias.

Esta travesía comienza con el anuncio que te fue encomendado. Tú, vendedor, me has mostrado que hemos de ser astutos en las relaciones humanas. Como un gran vendedor entiendes que tu trabajo ya no es ser mercader sino mensajero.

Tu experiencia te ha mostrado que no hay nada peor que la pereza. Cuando te estancas dejas de moverte. Pero más que del desplazamiento, tú dependes del sentido de alerta. Ser rápido para encontrar, para llegar y para contactar. Nuestra primera responsabilidad es adentrarnos en la senda.

Gracias a ti ahora me doy cuenta que los vendedores aprenden a transitar y recorrer las calles. Tu memoria te es muy útil para saber por dónde comenzar, en dónde encontrar al prospecto y hacia dónde llevarlo. Tu mensaje y experiencia en el camino te hacen un diestro navegante. Si alguien está en la senda seguro tú serás su brújula.

Si la oratoria te permite persuadir, el conocimiento de la lengua te facilita traspasar mundos. Comunicarte con foráneos. Tener nuevas experiencias. Y más que idiomas lo tuyo son las interpretaciones. Tu habilidad está en saber el significado de las acciones y de ahí fabricar augurios. Esto te facilita desenvolverte con empresarios, instructores, eruditos, analistas, actrices, comentaristas, atletas, médicos y sobre todo viajeros. Porque en algún punto entendí que eres maestro de los viajes, sé que eres el gran emisario, el infalible diplomático, misionero y agente pragmático. Nunca debo confundirte con un turista. El turista escapa; tú vives. Un turista no solo carga maletas sino también prejuicios; tú en cambio llevas equipaje ligero. Realmente transportas a los viajeros por medio de historias.

Antes pensaba que eras bueno por tu apariencia física y tantos adornos que portas pero hoy me muestras que son tus palabras las que enamoran. Tu elocuencia abre puertas, tu discurso resuelve conflictos, sana heridas, elimina dudas, levanta el interés, consigue favores y modifica el sentido del tiempo. Sin embargo, un gran vendedor es maestro del silencio y de la oratoria. Eres arquitecto del suspenso.

Creer y estar seguro que puedes lograr todo lo que te propongas. Ese es tu mantra. Tomar el miedo y transformarlo en valor. Ese es tu lema. Conoces la diferencia entre una alarma y estar en pánico. Tu coraza te permite recibir mil golpes, caer y levantarte. Para ti no hay gigantes a quién temer. Tú solo ves tierras esperando ser conquistadas.

Gracias por permitirme encontrar en tus historias el secreto para enamorar y persuadir a los viajeros porque al final todos somos marchantes.

3.- Las técnicas y conceptos de venta

De aquí en adelante encontrarás las principales técnicas e ideas de ventas que fueron empleadas por los asesores de seguros financieros durante el tiempo que tuve la oportunidad de estudiar su labor. Es de importancia recordar que estas instrucciones tienen una relación muy fuerte con la simbología de las cartas *Venditum*. Hay una relación notable entre cuál carta o símbolo se seleccione y cuál técnica surgirá como candidata.

El orden en que se presentan los conceptos fue establecido en base a la importancia que dicho elemento tuvo en las ventas del equipo Hermes. Reitero que estas estrategias no son únicas: muchas de ellas las han expuestos grandes autores e investigadores del campo, de los cuales incluyo referencias al final de este libro.

Mi sugerencia, en base a los éxitos de aquellas personas que emplearon las cartas y técnicas, es que las aprendas, las memorices, las pongas en práctica y al final te quedes con unas cuantas. Las que mejor te den resultados. Con el tiempo, el solo hecho de observar los símbolos *Venditum*, traerá en ti una memoria de la mejor técnica o estrategia que debes utilizar.

Técnica de dar y quitar

Si tienes mucho, da mucho; si tienes poco, da poco: pero da
siempre.

Anónimo

Esta técnica sucede cuando el agente de ventas ofrece o promete un descuento que luego se retracta y niega. Esto causa en el prospecto un malestar porque percibe que le han quitado algo. Cuando nos arrebatan algo aumenta nuestro deseo de tenerlo de vuelta. Esta maniobra funciona porque rompe el balance emocional que tiene el comprador. Primero está feliz, luego se le pone en descontento. El cliente tendrá que tomar acciones para volver al estado emocional original.

Los agentes que utilizan esta técnica suelen pedir disculpas por "haberse equivocado" al ofrecer algo que no tenían o no debían. Otra forma es cuando un compañero del agente se comunica con el prospecto para negar la oferta inicial, alegando no tener conocimiento del por qué se ofreció el descuento en la primera ocasión. Ejemplo:

- Vendedor: "Tal como le comentaba Sr. Rodríguez, esta televisión viene acompañada de un DVD por el increíble precio de US $1,000. Además el mueble de madera para que usted coloque la TV viene incluido. ¿Es de su agrado el paquete de entretenimiento?"

- Prospecto: "Suena una buena oferta."

- El agente se aleja del prospecto indicando que va a revisar los precios. 5 minutos más tarde el agente llega disculpándose con el cliente porque acaba de darse cuenta que el mueble de madera no viene incluido en el precio total. El prospecto muestra malestar o tristeza por el hecho.

- El agente pregunta: "Sr. Rodríguez, creo que puedo ayudarlo para que el mueble sí se incluya. Puedo hablar con mi supervisor pero usted tendría que adquirir el paquete hoy mismo".

Técnica de la tensión-relajación

La tensión es quién crees que deberías ser. La relajación es lo que eres.

Proverbio

La técnica más poderosa del vendedor es el manejo del cambio entre la tensión y la relajación.

Es el Ying-Yang. El lado oscuro y la luz.

La combinación entre el dolor y el placer hará sucumbir a cualquier persona. Muchas técnicas poderosas tienen su origen en esta tesis. El agente ha de provocar una tensión en el prospecto causando dolor, miedo, pánico, angustia, nostalgia o tristeza. Luego, como un antídoto, el operador generará sentimientos de placer, paz, estados de relajación, euforia, alegría y gozo.

Un ejemplo de esta técnica se basa en dar al prospecto lo que desea por un breve momento. Si el prospecto muerde el anzuelo, experimentará sentimientos de gozo y satisfacción. Luego, se ha de lanzar un comentario alegando que uno estaba equivocado y que lo que el prospecto recibió fue solo temporal o una ilusión. Es en este momento en donde uno pone sus condiciones o requisitos. Nuestro interlocutor quedará insatisfecho, infeliz y vulnerable, ahora sin aquello que tanto quería. Es el momento de la negociación.

Un ejemplo puede ser indicarle al cliente un precio alto (tensión), luego un descuento (relajación), luego decirle que perderá el descuento (tensión), luego re-negociar que el descuento será aplicado (relajación).

Otra manera de aplicarlo es informar que sí contamos con el producto que busca (relajación), pero no tenemos el modelo (tensión), aunque lo vamos a buscar y quizás lo encontremos (relajación).

Lo contrario también debe ser aplicado. Se le informa a nuestro interlocutor que las personas que adquieren el producto que él busca, pagan más, lo reciben más tarde, tienen menos garantía, etc., algo que lo haga sentir mal. Entonces, cuando veamos que la persona se siente mal o exprese algún descontento, será el momento de hacer un comentario positivo o de resolución. Cuando apliquemos este método hemos de informar que nosotros tenemos la solución a su problema, que no tiene que preocuparse porque casualmente nosotros tenemos un producto o un esquema de servicio que no presenta los inconvenientes que justamente le acabamos de decir.

La técnica funciona porque mantenemos el enfoque del cliente en nosotros. Existe también una ley en la narrativa, en donde un evento bueno ha de continuar con uno malo. Luego un suceso malo, ha de continuar con otro bueno. Por eso las historias nos mantienen al filo del abismo.

La escasez: deseamos lo más difícil de obtener

La escasez es la carencia de algo, y de esa carencia nace el deseo. Pero lo más importante no es tanto "desear" como "desear desear".

Dalmiro Sáenz

¿Por qué nos encanta lo prohibido? Según el principio de la escasez las personas consideran más valiosas aquellas oportunidades a las que les resulta más difícil acceder. Esta técnica de sumisión es muy utilizada en el ámbito de las ventas y la publicidad, casi sin darnos cuenta somos a diario víctimas de la aplicación de este principio para lograr que compremos algún producto o servicio.

Las llamadas "series limitadas" o los "plazos improrrogables" son mecanismos ampliamente utilizados por quienes aplican esta técnica de sumisión, haciendo creer a los consumidores que el producto que ellos ofrecen tiene limitaciones en cuanto a la cantidad o al tiempo en que estará vigente la oferta.

Ahora bien, la efectividad del principio de la escasez se fundamenta en dos razones:

- Porque es lógico pensar que las cosas más difíciles de conseguir son más valiosas. El difícil acceso a determinado producto o servicio puede funcionar como un atajo que nos indica que es de mayor calidad que el de la competencia.

- Cuando las cosas se hacen menos accesibles perdemos libertad, es por ello que de acuerdo con el llamado principio de reactancia psicológica aumentamos nuestro deseo de tener más libertad y junto con ella los bienes y servicios que la acompañan.

La reactancia psicológica implica que aquello prohibido y limitado generará en nosotros mayor deseo de poseerlo y nos predispondrá a creer que vale la pena realizar el esfuerzo de conseguirlo de inmediato. Por este motivo son tan efectivas las campañas de venta basadas en la escasez.

La reciprocidad: ¿por qué es tan efectiva?

Ingrato es quien niega el beneficio recibido; ingrato es quien lo disimula, más ingrato es quien no lo devuelve, y mucho más ingrato quien se olvida de él.

Lucio Anneo Séneca

¿Alguna vez has sentido que le debes algo a una persona? ¿Bajo qué circunstancias pides apoyo? Cuando tú brindas apoyo ¿esperas algo a cambio? ¿Qué es lo que viene a tu mente cuando piensas en la gratitud? Si alguien nos regala algo nos sentiremos comprometidos. Es un hecho.

Ceder ante una petición está a menudo influido por una regla que llamamos "de reciprocidad". Muchas de las mejores tácticas de venta se ven ligadas a la utilización de esta regla.

¿Por qué la regla de la reciprocidad es tan efectiva? La respuesta está dada por dos características de este principio a saber:

- Porque se aplica a favores no solicitados. Esto genera que nuestra capacidad de elegir a quiénes queremos deber favores se vea reducida. Cuando recibimos un regalo inesperado quedamos atados de cierta manera a una persona. Piensa en Navidad. Algunas veces recibes regalos de viejos amigos que ni siquiera recordabas. Tu deber ya sabes cuál es. Cuando llegue el momento tendrás que ser solidario.

- Un amparo representa una deuda. Para liberarse de la obligación de regresar un favor, muchas veces se realizan intercambios poco equitativos y provechosos para quien recibe el auxilio. Cuando llegamos a tener un problema y encontramos un desconocido que sin esperar nada a cambio nos brinda ayuda, también quedamos en deuda. No importa el nivel de soporte que la persona nos brindó, puede ser mucho o poco, pero el hecho es que en su momento nosotros no pudimos resolver el problema y ahora tenemos el compromiso de ser recíprocos.

Existen variantes en la utilización de la regla de la reciprocidad que son muy útiles en las negociaciones y ventas. Un ejemplo claro es el de la técnica denominada "rechazo y retirada", que consiste en partir de una solicitud exagerada con la seguridad de que la misma será denegada, para posteriormente retroceder a una petición menor. Al presentarse el retroceso como una concesión, es altamente probable que la contraparte acepte dicha solicitud.

¿Cómo podemos defendernos de esta regla? La mejor defensa frente a la utilización de la reciprocidad como mecanismo de sumisión es aceptar los bienes pero manteniendo la guardia para poder redefinirlos como estratagemas y evitar su funcionamiento si detectamos que el beneficio no es de buena fe.

El compromiso: ¿cuándo es más poderoso?

¿Alguna vez has escuchado la expresión "Te doy mi palabra"? Te has preguntado ¿por qué las parejas románticas suelen firmar un acuerdo matrimonial? ¿Cuál es tu opinión de las personas que no cumplen lo que prometen? Cuando un colega del trabajo te solicita un acuerdo "por escrito" ¿te sientes seguro o con recelo? Un compromiso se define como una obligación. Un pacto implica una atadura o ligadura entre dos personas. Los acuerdos son muy poderosos si los aplicamos en las ventas. En las transacciones comerciales las promesas suelen ayudarnos para aumentar la tasa de cierre. Es simple: cuando una persona te exprese que sí te va a comprar, no olvides pedirle por escrito el compromiso de pago. En el futuro, si el mismo cliente se niega a comprar tu producto tendrás que apelar a la promesa pasada. El prospecto comenzará a lanzar excusas y justificaciones. Si empujas haciendo hincapié en la reputación del consumidor aumentarás tus probabilidades de venta.

¿Cómo emplear el poder de las obligaciones en las ventas? Para que los lazos comerciales sean poderosos, estos deben reunir las siguientes características:

- Deben ser activos (los escritos son mucho más efectivos). Los correos electrónicos también funcionan. Piensa en el poder de un pagaré.

- Es mejor que sean asumidos en público. Las grabaciones o videos tienen influencia similar. Las cartas, correos o fotografías funcionan.

- Si demanda esfuerzo es aún más vinculante. Los anticipos tienen este efecto. Cuidado cuando te piden un pequeño e insignificante requisito en una compra.

- Los compromisos que se asumen creyendo que obedecen a una motivación interna y no externa son más efectivos. Los testimoniales y recomendaciones son de gran utilidad en este punto.

Uno de los peligros del compromiso radica en que aun a sabiendas de que es errado, las decisiones tomadas en función de un acuerdo tienden a continuar debido a que la gente crea nuevas justificaciones para avalarlo. Por ejemplo, piensa en los dichos "nunca te abandonaré" o "siempre contarás conmigo". En otro escenario, ¿te has cuestionado por qué muchos usuarios con *smartphones* que gozan de un plan pos-pago tardan tanto en cancelarlo?

Esto genera que muchas deudas sean mantenidas incluso largo tiempo después de que las causas que les dieron origen cambian o desaparecen. Recuerda, es muy probable que la razón por la cual contrataste televisión por cable ya no exista. La empresa en la que trabajas quizás ya no te agrada. Tus preferencias han cambiado. Tus compromisos y hábitos no.

Para escapar del adeudo y de la coherencia como armas de dominio, es recomendable prestar atención a los mensajes que nos llegan de dos puntos de nuestro cuerpo: el estómago y el corazón.

Cuando sabemos que estamos actuando debido a presiones derivadas de un compromiso asumido, nos llegará un mensaje desde el estómago. Esto es cuando tenemos la certeza de que no debemos acceder a la petición a pesar de habernos comprometido. En este caso, basta con manifestar que no estamos dispuestos a ceder ante una acción de coherencia ciega. Este es un claro ejemplo de estar en deuda con alguien y que nos sentimos afectados.

Los mensajes que llegan desde el corazón son útiles ante situaciones dudosas; debemos preguntarnos si a la luz de la nueva información hubiéramos asumido el mismo compromiso: la respuesta que nos llegue en ese momento será el insumo para tomar la decisión.

Cuando quieras realizar un compromiso, no pienses en algo complicado. Si vas a vender un auto y deseas aumentar el compromiso de compra por parte del cliente claro que puedes pedirle un correo en donde él o ella accede a la compra. Pero tampoco le pidas 50% de anticipo para formalizar el trato. Ahora entiendes por qué muchas tiendas comerciales colocan anuncios en los aparadores como "Separe su mercancía pagando un 10% del valor del artículo".

Técnica de la calculadora

Cuanto más exactos son los cálculos, más conceptos tienden a desvanecerse en el aire.

Robert Mulliken

La técnica de la calculadora es de las formas más simples y efectivas para captar la atención del prospecto. Es una dinámica de mucha interacción. El agente de ventas ha de utilizar esta herramienta a la hora de negociar o informar el precio de venta.

Para esta técnica de ventas vamos a necesitar una calculadora. Si estamos frente al cliente entre más sencillo el dispositivo mejor. El aparato debe ser grande lo suficiente para que el cliente potencial lea los dígitos sin tener que acercarse la pantalla.

Esta técnica funciona porque cuando alguien emplea cálculos para demostrar un argumento, está apelando al sentido de autoridad y lógica. Si algo puede demostrarse matemáticamente entonces tiene mucha probabilidad de que sea cierto. Las sumas, restas, multiplicaciones y divisiones, si son comprendidas por el prospecto son fuertes argumentos de lógica.

Un detalle muy valioso en esta técnica de ventas es que el vendedor debe entregar la máquina al prospecto para que él mismo compruebe "la verdad". Por otro lado, si el cliente no está de acuerdo con el precio, éste deberá ingresar la cantidad y mostrar en la pantalla lo que está dispuesto a pagar. Esto generará un sentido de compromiso.

El prospecto tiende a seguir las operaciones del agente hasta que "llega" al precio final.

Más que una técnica, el uso de la calculadora se torna como un complemento en la labor de venta.

Técnica de repetir siempre el nombre del cliente

El nombre de una persona es para ella el sonido más dulce e importante que pueda escuchar.

Dale Carnegie

Una de las técnicas más simples pero muy importantes que todo vendedor adquiere al inicio de su carrera es la siguiente: dirigirse a los clientes por su nombre.

Sin embargo, el hecho de dirigirse a las personas por su nombre o hablarles de "Tú", no significa perderles el respeto, pues en algunos casos se puede utilizar un título como "Don Roberto", "Sr. González", Ingeniero Anaya", etc.

 Esta técnica funciona porque el agente está dirigiéndose constantemente al lado emocional del prospecto. Los seres humanos aprendemos primero a distinguir el tono de voz y nuestro nombre. Luego aprendemos el lenguaje. Cuando nos hablan por nuestro nombre la atención se enfoca y reenfoca. Debemos tener presente que una de las capacidades principales del ser humano después de nacer y que es vital para el aprendizaje es la capacidad de darnos cuenta de nosotros mismos: los bebés por ejemplo lo aprenden al estar frente a un espejo y tocarse su propia nariz. Es cuando se da cuenta de que "existen".

De utilizarse con un tono de voz correcto, esta técnica puede enfatizar en el nombre del cliente diferentes emociones y estilos: como una orden, como una invitación, amigable, maternal, autoritario, etc. Se debe preguntar el nombre del prospecto, anotarlo y luego pronunciarlo más de una vez.

Sin embargo está técnica no debe sobre-utilizarse ya que el prospecto se dará cuenta y estará a la defensiva. Repetir siempre el nombre del cliente debe pensarse más como apelar constantemente al cliente de forma verbal, con distintos términos, pero siempre emocionalmente con algo positivo.

Técnica de precio total/precio justo

La libertad no es más que el billete de entrada, para vivir y subsistir hay que pagar un precio.

Anónimo

El precio de un auto de lujo del año si lo pudieras conseguir con un 50% de descuento, ¿te causaría confianza o inseguridad? ¿Sería un precio justo? Piensa en tu trabajo: si alguien te ofreciera cambiarte de empleo por la mitad de lo que ganas ¿aceptarías? Quizás rechazarías la oferta porque creerías que el monto de tu nuevo sueldo no es justo.

En esta técnica de ventas el agente ha de asegurarse que el cliente entiende cuánto vale el producto. Esto puede parecer obvio pero no lo es. Para que un prospecto pueda comprender el costo monetario de una compra, el agente ha de proporcionarle una comparación. La técnica del precio justo es necesaria porque no existen los precios bajos ni los altos. Todo es relativo. Los prospectos perciben un precio alto cuando no se les ha comunicado el gran valor que tiene un producto en sus vidas. Por el contrario, si una persona percibe un precio bajo es porque ha entendido que el producto o servicio le aporta a su vida grandes beneficios y el precio suena justo.

Por ejemplo, se puede dividir el precio de un producto entre 30 días y luego comparar dicha cantidad con el precio de otros objetos similares. Veamos el caso siguiente:

- "El precio de esta computadora es de US $800. Esto significa Sr. Rodríguez que si usted solicita un crédito, estaría pagando mensualmente US $80. Esta cantidad equivale a US $2.6 al día… eso es el precio de una ensalada."

Se llama técnica de precio "justo", porque al momento de comparar la cifra, la persona "logra entender" que el precio no es tan diferente a otros productos que sí suele comprar con más frecuencia.

La técnica del precio justo tiene el riesgo de que el cliente no perciba suficiente valor en la transacción. Se recomienda utilizar con otras técnicas.

Técnica de *brackets*

Se le llama técnica de los *brackets* porque el vendedor proporciona varias tarifas cada una con ciertos beneficios. Por lo general los *brackets* tienen condicionantes.

Este tipo de técnica la podemos identificar en la mayoría de los negocios que ofrecen un mismo producto pero con tres variaciones. Esta técnica de ventas se puede emplear con una promoción cuya fecha límite sea a mediano plazo pero queremos darle urgencia para que el cliente tome una decisión hoy mismo.

En el siguiente ejemplo nota como el vendedor aplica la urgencia entre dos diferentes paquetes:

- "El precio de este auto marca Ford es de US $300 mensuales. Hoy tenemos un descuento del 50% por el primer año de crédito. Sr. Rodríguez usted puede comprar el carro cualquier día del año. Sin embargo si lo compra en esta semana el descuento del 50% no será por el primer año sino que se aplica una extensión por 2 años."

En el siguiente ejemplo el vendedor aplica la urgencia entre dos diferentes paquetes de la misma forma:

- "El precio de la renta es de US $200 mensuales. Hoy tenemos un descuento del 50% por el primer año. Sra. Michelle usted puede rentar esta casa cualquier día del año. Sin embargo si se da de alta esta semana el descuento del 50% no será por el primer año sino que se aplicará por toda la duración que sea inquilina."

En el siguiente caso el vendedor muestra dos diferentes paquetes con ciertos requisitos:

- "El precio de la licencia edición A es de US $10 mensuales. La edición B del mismo software cuesta US $30 mensuales. Finalmente la versión completa del software es de US $50 mensuales. Srita. Lorena usted puede adquirir la licencia del software cualquier día del año sin importar la edición. Sin embargo, si usted se lleva la edición B, le haré un descuento extra del 10%."

El secreto de esta técnica es que el cliente perciba que puede seleccionar la opción "promedio". Ni muy cara ni muy barata. Recordemos: las personas no desean seleccionar lo mejor. Tampoco quieren tener lo peor. Los individuos desean no equivocarse.

Ahora veamos un ejemplo con electrodomésticos:

- "Joven Eric, hoy quiero mostrarte una secadora que nos acaba de llegar modelo A1. Es de última generación. Su costo es de US $600. Tiene capacidad de 18 Kg. Cuenta con todas las funciones para los hogares más exigentes. Incluye además una garantía extendida por 3 años y viene acompañada con un kit de limpieza a vapor. Puedo asegurar que es una gran elección. La versión A2 cuesta US $500 y tiene una capacidad de 17 Kg. También tengo la versión A3 de US $400 con una capacidad de 16 Kg. Joven Eric, si usted se lleva el modelo A3 le haré un descuento extra del 10%."

La autoridad: la opinión de los expertos convence a las masas

El que manda mal, pierde la autoridad de su mando.

Siro

Si estuvieras en un hospital y quisieras resolver una duda de un medicamento ¿a quién le preguntarías? ¿A una persona con bata color blanco o a una persona vestida casualmente? En nuestra sociedad, hay mucha presión para que obedezcas a la autoridad por medio de símbolos y reglas. Hay emblemas por todas partes: militares, marcas de lujo, trajes de oficina, trajes de etiqueta, bastones, anillos, coronas, cetros, medallas, títulos, fueros e incontables más. Es prudente seguir las indicaciones de un superior ya que usualmente se trata de personas con altos niveles de conocimiento y poder. Además este tipo de personas funge como un atajo en la toma de decisiones. Es claro que las personas a quienes consideramos un patrón en determinada materia lograrán mayor influencia sobre nosotros a la hora en que debamos tomar una decisión.

Cuando interactuamos con una persona que ostenta una posición más alta que nosotros (en términos de jerarquía) existe la tendencia de responder más hacia los símbolos de poder que a la esencia de la persona. Las insignias más comunes de facultad son:

- **Los títulos:** las personas que poseen títulos son vistas como más confiables que aquellas personas que no los tienen.
- **La indumentaria:** el dicho "el hábito no hace al monje" pierde relevancia pues la gente suele prestar mucha atención a la vestimenta y verá más favorablemente a aquellas personas con mejores prendas.
- **Los adornos:** joyas, coches, relojes, etc. influyen favorablemente en la percepción que se tiene de las personas.

Si queremos aprender a utilizar técnicas de uso de dominio en ventas, ¿cómo podemos estar alertas si alguien quiere emplear con nosotros una maniobra de este tipo? Una excesiva simpatía por la superioridad puede provocarnos ciertos efectos perjudiciales de los cuales debemos defendernos, por lo cual es recomendable tomar las siguientes recomendaciones:

- **¿Este representante es realmente un experto en la materia?** Al responder esta pregunta podremos separar nuestra atención de los símbolos de la autoridad y centrarla en las pruebas fehacientes e inequívocas de la posición de mando.

- **¿Qué grado de veracidad tienen las declaraciones del experto?** La segunda respuesta nos lleva a focalizar nuestra atención en la fiabilidad del experto y no tan sólo en los conocimientos del mismo sobre la situación.

En relación a la segunda pregunta debemos estar atentos ante una estratagema que se usa habitualmente para reforzar la confianza que puede depositarse en los expertos. Tal mecanismo implica que nuestro comunicante (el experto con jerarquía en la materia), nos dará información un tanto negativa sobre sí mismo. Utilizando esta estrategia, él logrará generar en nosotros una falsa sensación de honradez, que aumentará la credibilidad de la información, reforzando así la simpatía hacia su supuesta superioridad en la materia.

Si logramos visualizar la utilización de dicho ardid y responder las dos preguntas planteadas podremos defendernos de una influencia perjudicial de la autoridad.

Técnica de la vergüenza

La vergüenza es peor que el hambre.

Alfonso Rodríguez Castelao

¿Cuántas veces nos hemos sentido mal cuando descubrimos que nuestros amigos o conocidos tienen un producto y nosotros no? El propósito de la técnica de ventas de la vergüenza es hacer sentir mal al cliente por no tener nuestro producto.

La vergüenza es un excelente motivador porque las personas tienen poca resistencia a la presión social. Recordemos que las personas compran cosas que no necesitan, van a lugares que no les interesan, estudian en escuelas de prestigio aunque se endeuden, todo por el hecho del qué dirán. Esta idea puede basarse en el uso de la metodología de nuestro producto, en el precio, localización de trabajo, alguna certificación, etc.

Veamos el siguiente ejemplo de la técnica de la vergüenza en una tienda de teléfonos basado en la adquisición de producto:

- Agente: "Veo que le interesa el teléfono iPhone®, ¿sería este su segundo modelo?"

- Cliente: "No, en realidad sería el primer modelo que compro".

Ahora un ejemplo en una tienda de teléfonos basado en marca de producto:

- Agente: "Veo que le interesa el teléfono iPhone®, ¿sería el último modelo quiero pensar?"

- Cliente: "No de hecho busco el 4S".

Otra manera de utilizar la técnica de ventas de la vergüenza es relacionar las metas del cliente con la compra del producto. El vendedor tiene que averiguar un motivo emocional que el prospecto desea lograr. El cliente potencial piensa que si adquiere el producto podría facilitarse las cosas.

El agente de ventas empleará una prueba social como a continuación se muestra:

- Agente: ¿Cuál sería la razón Sr. Rodríguez para que usted adquiera el viaje a las playas de Cancún?

- Cliente: Quiero descansar. En la familia tenemos ya un tiempo planeando un viaje.

- Agente: ¿Ha pensado en salir al extranjero?

- Cliente: No de momento, solo queremos pasar una temporada juntos lejos de la ciudad.

- Agente: En esta época del año muchas personas se toman un periodo de descanso. De hecho todos merecemos un lujo para festejar nuestros logros y que mejor que con los seres queridos. Lo felicito por tomarse el tiempo para consentirse. ¿Sería por cuánto tiempo la estancia?

- Cliente: serían 3 días. Quiero el fin de semana.

- Agente: Ah pero seguro que le va a encantar. ¿Cuándo fue la última vez que se tomó unas vacaciones? Seguro no fue el mes pasado...

- Cliente: No, en realidad fue hace un año y...

- Agente: Dígame una cosa, ¿usted cree que sea capaz de darle a su familia un día más de descanso económicamente hablando? Mucha gente toma el paquete de 5 días. Seguro que usted puede con eso y más....

Técnica de los halagos

No hay nada tan común como el deseo de ser elogiado.

William Shakespeare

¿Qué sentimientos surgen en nosotros cuando escuchamos a una persona que nos habla de forma maleducada? ¿Qué sentimos cuando nos expresan cariño? En la técnica de los halagos el vendedor utiliza un tono de voz correcto y se dirige a la persona con diferentes términos: caballero, dama, joven, elegante, selecto, exclusivo, inteligente, educado, superior, completo, competitivo, ilustrada, letrado, ecuánime, etc.

El halago puede emplear también estilos de venta que reflejen la superioridad del cliente: "Si usted me lo permite caballero, voy a indicarle las promociones del día".

También se pueden utilizar halagos triangulados. En los halagos tipo triángulos, el vendedor pregunta algo del prospecto, el prospecto responde y el vendedor emite una opinión en tercera persona, indicando que la respuesta del prospecto "es correcta".

Los halagos triangulados podrían ser los siguientes:

- Pregunta el agente: "Cuando era niño... ¿recuerda usted ir a clases particulares de...?" Respuesta triangulada del agente: "La educación en los niños es de lo más importante y siempre lo será".

- Pregunta del agente:"¿De modo que usted ya tiene una carrera terminada y quiere otra como esta?" Respuesta triangulada del agente: "Una persona con más de un estudio es un hombre precavido y ya sabe usted lo que dicen de los hombres precavidos".

- Pregunta del agente: "¿Usted está a favor de ahorrar algo para imprevistos?". Respuesta triangulada del agente: "Ya lo dice el viejo refrán, para cosechar primero hay que sembrar"

- Pregunta del agente: "¿Puede decir que en el último semestre acudió a alguna fiesta y se desveló?". Respuesta triangulada del agente: "Ya lo dice el dicho, la posesión de la salud es como la del dinero, que se goza gastándolo, y si no se gasta, no se goza."

La sanción social: potente arma para condicionar conductas

La sanción es parte de la formación.

Jorge González Moore

Cuando vas caminando por la calle y ves a una persona pidiendo ayuda ¿Qué haces? El principio de la sanción social consiste en observar a la hora de tener que decidir por realizar una acción u otra, los actos u opiniones que los demás tienen ante la misma situación. ¿Has escuchado la frase "primero muerto antes que hacer el ridículo"?

Las actitudes imitativas han sido estudiadas en contextos tan diferentes como los negocios, decisiones de compra, donativos a instituciones de beneficencia e incluso ante la superación de fobias, tanto en niños como en adultos.

En distintos escenarios se puede obligar a una persona a que acceda a determinada solicitud con el simple hecho de informarle que varias personas (entre más, mejor) han accedido o accederán a dicha petición.

La sanción social se da con mayor fuerza cuando se conjugan dos condiciones:

- **La incertidumbre:** debido a que las personas cuando se sienten inseguras son más propensas a fijarse en las acciones de los otros y a aceptarlas como válidas.

- **La semejanza:** es la condición que eleva a su punto máximo la influencia de la sanción social como potente condicionante de las conductas humanas. La gente tiende a seguir el ejemplo de aquellos que considera sus semejantes.

- **Justificación de nivel inferior**: esto significa que si observamos a una persona que consideramos tiene capacidades menores a nosotros (en dinero, talento, aspecto físico, posesiones, relaciones, etc.) aumentará la creencia de que nosotros podemos lograr un resultado mejor.

En los negocios, una forma de utilizar la sanción social para influir en una decisión de compra, puede ser la publicidad dónde varias personas comunes recomiendan la compra de un producto. La clave está en que un gran número de personas lo recomiende y que sean personas semejantes a aquellas que pretendemos influenciar.

Ahora bien, la sanción social puede utilizarse con fines al bien común o con un propósito egoísta. Hay que recordar en este último sentido el suicidio colectivo de una secta en Guyana, sucedido en noviembre de 1978, cuyo líder Jim Jones, forzó al grupo a suicidarse utilizando la sanción social como herramienta de convicción (aunque no en forma consciente).

También se pueden encontrar situaciones en que se manipule a la gente mediante la sanción social para que actúe de determinada manera. En el caso de la publicidad, por ejemplo, si la campaña se basa en testimonios de gente común sobre las bondades de un producto, es un caso de sanción social bien utilizada. Pero puede suceder que los testimonios estén dirigidos y la gente común sean en realidad actores, en ese caso la publicidad es engañosa.

¿Cómo son afectadas las personas? Es obligado comentar que las personas bajo la presión social rara vez confiesan que están sometidas; sucede que los individuos arman una gran historia con cientos de justificaciones del por qué están tomando la decisión o bien lanzan un potente "todo mundo lo hace".

Para escapar de la sanción social defectuosa como mecanismo de sumisión y reducir nuestra sensibilidad ante la misma es recomendable:

- Adoptar una actitud vigilante para detectar pruebas falseadas sobre lo que personas semejantes a nosotros están realmente haciendo.
- Tener la convicción de que la imitación de las conductas seguidas por nuestros semejantes no son la única base en que debemos apoyar nuestras decisiones.

Cómo se evalúan los equipos de *Marketing* y Ventas

Para tener éxito empresarial los responsables de Publicidad y Ventas tienen que conocer y controlar varios indicadores clave en el negocio. Los procesos se vuelven primordiales. Esta medición es comúnmente encontrada en lo que se llama "*funnel* de Ventas" o "*funnel* de *Marketing*".[15] Como aclaración, este apartado puede ser muy técnico. Vayamos al grano.

A continuación los números más importantes en la industria.

- **En el departamento de ventas:** llamadas diarias ("Julieta hace 10 llamadas diarias"), cantidad de llamadas por semana ("Julieta hace 70 llamadas por semana"), tiempo máximo en llamada ("Julieta se tarda un promedio de 20 minutos por llamada"),

---

[15] Se le llama *funnel* porque este modelo de análisis es parecido a un embudo. En la parte superior el embudo es amplio pero a medida que se profundiza en el análisis se vuelve estrecho. Los embudos de *Marketing* suelen comenzar con las visitas o personas impactadas con nuestro anuncio y terminan con el Retorno de Inversión. En otras palabras, "son muchas las personas interesadas pero son pocas las que realmente compran el producto".

leads asignados ("Julieta recibe 30 prospectos diarios"), *leads* válidos asignados("De los 30 prospectos diarios que recibe Julieta solo 10 son efectivos"), cantidad de *leads* nuevos ("Julieta recibe 30 prospectos diarios pero solo 10 son nuevos"), pre-ventas ("Julieta agenda 4 citas diarias"), ventas completadas ("Julieta cierra 2 ventas diarias"), y tasa de pre-venta a venta completada ("De cada cita que Julieta agenda, el 50% es una venta").

- **En un departamento de *Marketing Digital*:** costo o inversión ("Roberto invirtió US $100"), clics o visitas ("Roberto recibió 4,000 visitas"), costo por clic o costo por visita ("A Roberto le costó US $0.25 cada clic"), *leads* ("Roberto obtuvo 100 registros"), tasa de visita a *lead* ("por cada 100 visitas Roberto obtuvo 2.5 registros"), *leads* válidos ("De los 100 registros Roberto validó 70 contactos"), costo por *lead* ("El costo de cada lead a Roberto le sale en US $10").

- **Para informes generales:** tasa de *lead* a venta completada ("de cada 100 *leads* que obtuvo Roberto 2 se convirtieron en venta"), costo por venta ("el

costo de cada venta de Roberto fue de US $500"),
cantidad total de ventas en unidades o en ingresos,
cantidad neta de ventas[16], y costo de *Marketing*[17].

- **Para la promoción y evaluación de desempeño en operadores:** cantidad de preventas en un marco de tiempo máximo de llamada vs tasa de preventa-venta completa, tasa de cierre comparativa entre operadores o agentes de venta vs ventas completadas.

---

[16] Nos referimos a la cantidad neta de ventas o *net sale* al hecho de restarle a los ingresos brutos las cancelaciones de clientes.

[17] El costo de *Marketing* es la relación que existe entre la inversión y los ingresos. Si invertimos US $150 en publicidad y obtuvimos ingresos netos de US $1,500, entonces nuestro costo de *Marketing* es del 10%.

Técnica AIDA para ventas

Mantén siempre tu cartera llena de clientes potenciales. Siempre ten más clientes para visitar que el tiempo te alcance.

Brian Tracy

Fue en 1898 cuando el publicista estadounidense, Elías St. Elmo Lewis, describió el modelo que se conoce como AIDA, un acrónimo compuesto por las siglas de: *Attention* o *Awareness* (Atención), *Interest* (Interés), *Desire* (Deseo) y *Action* (Acción). Estas 4 palabras en inglés se refieren a las fases o escalones por las que debe pasar el cliente para realizar una compra. El modelo ha sido durante más de 100 años una fórmula fundamental de estrategias en las áreas de *Marketing* y especialmente de publicidad. Veamos a qué se refiere cada una de esas etapas:

- **Atención:** ¿Cuántas cosas puede tener en mente un cliente o a cuántos comerciales y productos está expuesto en cierto momento del día? Se requiere algo que capte su atención y que lo saque de su pensamiento. Se recomiendan algunas de las siguientes técnicas para ello: hacer cumplidos, despertar la curiosidad con una pregunta, presentar hechos, proporcionar noticias de último momento, demostrar que se está allí para ayudar, etc.

- **Interés**: Debe aprovecharse esos segundos de atención para generar y mantener el interés durante el tiempo suficiente para presentarle el producto y sus beneficios. Algunas técnicas a las que puede acudirse son: preguntar para identificar la necesidad, escuchar al cliente indagando lo que le agrada y desagrada, y ofrecer algo muy atractivo como una promoción o un nuevo producto.

- **Deseo:** Es la fase en la que logras que el cliente comprenda cómo el producto o servicio va a satisfacer sus necesidades y desee tenerlo. Para ello se requiere explicar detalladamente cómo funciona, indicar las ventajas del producto en comparación con la competencia (sin mencionarla) y destacar el beneficio más fuerte que el producto ofrece. Puedes apoyarte en un incentivo.

- **Acción:** Sería la etapa de cierre de la compra, en la cual es muy importante evitar la presión. Se puede motivar de nuevo haciendo referencia a algún beneficio, indicándole que puede probarlo sin compromiso, ofreciendo diferentes opciones de pago, etc. Una vez que se llegue a la acción deseada, reafírmale al cliente que tomó una buena decisión, siempre agradece y no pierdas la oportunidad de venderle algo más. Es importante que se efectúen todas las fases del modelo AIDA para obtener un resultado positivo. Si no estamos seguros de que hemos cumplido con una de sus etapas, intentemos reforzarla antes de pasar a la siguiente.

Técnica 1-2-3-artesanal

No creo en la inspiración. Hay que ejecutar el oficio como un artesano. La técnica se enriquece con el trabajo manual, con el dominio y habilidad de la mano que maneja el pincel.

Rufino Tamayo

¿Cuántas veces hemos escuchado a algún cocinero de las interminables horas que se ocuparon para realizar un platillo? Cuando un vendedor platica con sus compañeros de una técnica artesanal o de 3 características, está apelando a la elaboración del producto. Con esta técnica el agente lista las horas invertidas en investigación, producción, lo difícil que es conseguir la materia prima, los trámites por los que pasaron, la gran cantidad de procesos, cantidad de horas, etc. Estos comentarios son utilizados para subrayar el valor del producto. Se llama técnica de ventas artesanal porque un artesano invierte horas de trabajo, técnica, paciencia, materiales, etc.

La técnica artesanal funciona porque estamos aumentando el valor percibido por el prospecto. Por ejemplo, la industria automovilística. El vendedor puede apelar al diseño exclusivo, equipo de entretenimiento certificado en fidelidad, producción directa por un país en particular, tipo de vestiduras interiores, garantía de por vida en la máquina, etc. El cliente debe tener en claro que no está comprando una máquina sino un concepto.

De forma alterna, se puede utilizar una técnica menos elaborada pero más directa como indicar los principales 3 beneficios por los cuales el producto representa la mejor opción para el cliente: precio, calidad, disponibilidad, exclusividad, ahorro, crédito, seguridad, resistencia, etc. El agente debe ser rápido y sonar seguro ante el prospecto.

Técnica de la falsa suposición

Las suposiciones afectan a la observación. La observación engendra convencimiento. El convencimiento produce experiencia. La experiencia crea comportamiento, el cual, a su vez, confirma las suposiciones.

Anthony De Mello

En la técnica de la falsa suposición, el operador de ventas asume que el cliente desea comprar ahora mismo o en el menor tiempo posible. Con esta táctica de ventas el agente toma las acciones correspondientes para realizar la transacción de venta.

El asesor dirige la plática haciendo preguntas y comentarios con la presunción de que el cliente está listo para comprar o como si ya hubiera adquirido el producto. La técnica funciona porque el prospecto se siente obligado por el tono de voz, las palabras y las acciones del ejecutivo. La diferencia de la técnica de falsa suposición contra la aplicación de compromisos es que en la maniobra de obligaciones el vendedor pide de forma directa un acuerdo o promesa por parte del cliente; la falsa suposición es inconsciente e indirecta.

La técnica funciona con las personas que no saben decir que "no", con aquellas personas que están emocionadas y requieren motivación externa o simplemente porque el mismo abordaje del vendedor lo hizo entrar en "shock". Se recomienda para productos a crédito, aspiracionales como autos, tarjetas de crédito, membrecías, clubs, ropa exclusiva, joyería, etc. Como ejemplo, revisemos la diferencia entre las situaciones A y B siguientes:

- **Caso 1:** "¿Cree usted Sr. Rodríguez que el lunes podemos contar con su pago?"

- **Caso 2:** "Sr. Rodríguez yo espero su pago el próximo lunes para que el sistema acepte la transacción con descuento. Felicidades por esta compra."

- **Caso 3:** "Sr. Rodríguez quiero confirmar si le llegó el agradecimiento por haber entrado en la categoría de clientes especiales. Yo sólo le haré unas preguntas que validan los beneficios que usted recibirá. Esperamos su pago el próximo lunes para aplicar el descuento. Felicidades por esta compra."

Organizar la cartera de clientes en ABC

Acércate a cada cliente con la idea de ayudarlo, resolverle su problema o lograr su meta y no para venderle un producto o servicio.

Brian Tracy

¿Cómo les damos prioridad a nuestros clientes? Tanto la atención al usuario, los programas de *Marketing* o los incentivos a consumidores, no pueden hacerse al azar ya que cada empresa debe tener una forma de tener organizada su cartera de clientes.

La organización de una cartera de clientes se puede hacer de forma ABC utilizando el principio 80/20 de Pareto. Los criterios para aplicar este principio pueden ser: volumen de unidades ("vendimos 100 unidades"), volumen económico ("vendimos US $10,000"), precio promedio ("el precio promedio fue de US $100"), rentabilidad del consumidor ("un 20% de nuestros clientes aportan el 80% de nuestros ingresos"), etc.

Por ejemplo, si decidimos organizar por volumen económico de las compras, debemos ordenar a los clientes de mayor a menor en cuanto a sus volúmenes de compra y por otra parte necesitamos el porcentaje acumulado de esas compras.

Si suponemos que tenemos una cartera de 1,000 clientes, podríamos hacer el siguiente esquema de ventas:

- Descubrimos que 100 clientes nos generan el 70% de las ventas. Al día siguiente tomamos la decisión que los visite un supervisor, a razón de 10 clientes por día cada uno, con frecuencia quincenal. Estos clientes necesitamos tenerlos más cerca y con una mejor atención. A este grupo le llamamos "Clientes A".

- Notamos que 200 clientes nos generan el 20% de nuestras ventas. Después de analizar las cosas decidimos atenderlos por medio de 3 vendedores. Así, en este equipo, tendría 100 clientes cada agente, y visitaría cada quien, en una frecuencia semanal, 10 diariamente. Este grupo se llamaría "B".

- Y a los clientes "C", que serían 700 podrían tratarse por medio de un sistema de *telemarketing*.

¿Cómo desligarse de la competencia como vendedor?

Por muy bien que hagas un trabajo, la competencia dirá que lo hubiera hecho mejor y más barato.

A. Pamuto

Existen muchos factores diferenciadores de una empresa a otra y entre estos podemos mencionar: la marca, la calidad, el servicio, etc.; pero ¿cómo podemos vender desligándonos totalmente de la competencia?

Las recomendaciones principales para poder superar la competencia van de la siguiente forma:

- **Fase I**: identifica a todos los competidores de la industria.
- **Fase II**: haz una lista en la que identifiques lo que haces tú y lo que hace la competencia de la industria en Ventas, *Marketing*, Servicio al cliente, etc.
- **Fase III**: destaca lo que haces tú, es decir, si hay elementos en la industria que son propios (o que solo tú tienes) y son positivos ante el cliente. Debes

destacar y fortalecer los puntos ante los demás y ante la fuerza de ventas.

- **Fase IV:** si todo lo que estás haciendo lo hacen todos los demás competidores de la industria, observa otras categorías o industrias e importa cosas innovadoras que te puedan diferenciar.

La competencia nunca debe ser nuestro parámetro de evaluación e innovación, no importa si somos los líderes o los seguidores, debemos explorar nuevas opciones. No se trata de hacer cosas que funcionan a la competencia y decir "si le funciona a la competencia, también me funcionará a mí"; para desligarse a la competencia debemos ser un poco creativos.

Estas fases anteriormente mencionadas sin duda alguna pueden aportar un horizonte nuevo para las empresas, lo que lo determinará marcar la pauta en la industria en la cual estás compitiendo.

Te recomiendo que si tienes *smartphone* instales las siguientes apps: Evernote (notas), Dropbox (compartir archivos), DocuSign (firma de contratos), Linkedin (red social), QuickVoice (grabación de audios), ToutApp (email) y Zoho CRM, Sales Cloud o Base (CRM).

¿Cómo reclutar a la fuerza de ventas?

La venta es esencialmente una transferencia de sentimientos entre dos personas.

Zig Ziglar

Ya sea por el crecimiento de la plantilla, la renuncia de un vendedor o simplemente porque que estás empezando desde cero la formación de un equipo de ventas, en la selección de un nuevo integrante se encuentra mucho del secreto del éxito de nuestro equipo. Ese proceso de reclutamiento se puede resumir en tres grandes fases: entender qué buscamos, determinar cómo encontrarlo, y saber identificarlo.

- **Entender qué buscamos:** existen 5 atributos en los cuales pudiera enfocarse nuestra búsqueda. La competitividad personal, empatía hacia el cliente, visión de negocios, pasión por las ventas, vocación de servicio. Sin embargo, no podemos decir que lo anterior sea el perfil del vendedor ideal, pues lo que la empresa necesita específicamente dependerá de las características del cargo, del producto a vender y hasta de la selección de las zonas y rutas de operatividad. Establecer las exigencias y requisitos del puesto, las actividades a desempeñar, así como las habilidades específicas que requiere, es el arranque del proceso de conformación de una fuerza de ventas.

- **Determinar cómo encontrarlo:** existen varias formas de hallar al vendedor que necesitamos. Puede ser por la promoción interna, recomendaciones de los empleados, en otras compañías de la industria, en instituciones educativas, mediante agencias de empleo o por solicitantes espontáneos. En el último caso, lo ideal es que la recepción de estos perfiles sea continuo, no solo cuando hay vacantes (esto permitirá tener un banco de postulados). Hay que considerar que a mayor número de candidatos reclutados para un puesto, mayor es la probabilidad de seleccionar un buen aspirante, pero cuidado: también es mayor el coste de selección.

- **Saber identificarlo:** esta última fase supone filtrar mediante diversas herramientas a los candidatos, para finalmente identificar al ideal. Para esto se cuentan con los formularios de solicitud de empleo, los exámenes psicológicos y de aptitudes, la comprobación de las referencias personales y profesionales, las pruebas médicas y las entrevistas. Se sugiere que se hagan unas 3 entrevistas y que participen tanto el departamento de *Marketing* como el de Recursos Humanos.

Una vez seleccionado el nuevo miembro de la fuerza de ventas se recomienda realizar un proceso de inducción y socialización en donde se presenten las prácticas y procedimientos ideales, así como la filosofía de la compañía, para que su integración al equipo sea de la forma más armónica y exitosa.

Como sugerencia: a los nuevos integrantes se les otorga una base de *leads* o prospectos que no hayan podido ser convertidos a clientes. Una vez que el nuevo asesor logra realizar una venta se le irá dando una base de datos nueva. Esto provoca que la asignación de *leads* sea legítima y meritoria.

La simpatía: el brillo personal como táctica de venta

Un pensamiento de alegría crea, por simpatía, otro pensamiento de alegría en otros.

Swami Sivananda

¿Cómo sabemos qué es la simpatía? ¿Qué significa que alguien sea antipático? En la vida diaria resulta lógico que la gente prefiera decir que sí a las peticiones hechas por personas a las que conoce y que le resultan fascinantes. El encanto como herramienta para influir en los demás es muy conocido por los profesionales de ventas. En efecto, existen algunos rasgos que dichas personas acentúan para lograr aumentar su simpatía y así influir más en la gente. Los factores mayormente utilizados por los profesionales son los siguientes:

- **El atractivo físico:** es una importante ventaja en la interacción social. Aparentemente, la belleza tiene un efecto aureola que se manifiesta en impresiones favorables sobre otros rasgos (no vinculados al atractivo físico) como el talento y la inteligencia.

- **La semejanza:** también es un factor determinante de la simpatía, pues nos cae mejor la gente que tiene cosas en común con nosotros.

- **Los elogios:** también generan mayor simpatía.

- **La familiaridad:** es decir el contacto reiterado con una persona o cosa en circunstancias positivas aumenta la simpatía hacia esa persona o cosa.

- **La asociación:** otro factor relacionado a la simpatía es el vínculo que supone agruparse a sí mismo o a un determinado producto con aspectos positivos. Esto es explotado en ámbitos tan diversos como la publicidad y la política. Un ejemplo de cómo funciona la simpatía por asociación es la de los simpatizantes deportivos. Ellos tratan de acercarse o distanciarse de su equipo, a los ojos de los observadores, en función del resultado positivo o negativo del encuentro deportivo sobre el que se les pregunta.

Como regla de oro durante las interacciones que tengas con un cliente: sonríe, vístete bien, brinda cumplidos, escucha, has seguimiento personal y telefónico al cliente.

Vender utilizando PNL

La PNL *es práctica; es un conjunto de modelos, habilidades y técnicas para pensar y actuar de forma efectiva en el mundo. El propósito de la* PNL *es ser útil, incrementar las opciones y mejorar la calidad de vida.*

John Grinder

La PNL o Programación Neuro-Lingüística es una disciplina que engloba varias áreas como la lingüística, psicoterapia, sistemas y comunicación creada en la década de los 70´s. De acuerdo con la PNL[18] existen varias formas de clasificar nuestro modo de pensamiento: visual, auditivo y kinestésico. Lo más importante que un vendedor debe saber de la PNL consiste en identificar el tipo de cliente que estamos tratando para hacer una venta. Estas personas se clasifican en los siguientes tipos: Visual, Auditiva y Sensitiva (Kinestésico).

La identificación y tipificación que un vendedor realice del cliente potencial y el lenguaje, podrá tener una mayor efectividad en ventas porque podrá generar *rapport*. El

---

[18] Para más información se puede visitar la página del autor en http://richardbandler.com/

rapport sucede cuando una o más personas están en "sintonía" psicología y emocional (Simpatía).

Ahora veamos como un vendedor debe tratar a cada tipo de cliente:

- **Cliente visual:** se identifica a un cliente visual por su forma de hablar. Estas personas generalmente utilizan palabras como: déjeme ver, mire por favor, fíjese, imagínese, etc. Estas personas tienen un movimiento de ojos hacia arriba porque están imaginando. El asesor deberá "llevarle" el producto describiendo los detalles que el prospecto pueda imaginar en colores, tamaño, brillo, mencionar la marca. El propósito del operador es que el cliente se "vea" a sí mismo comprando el producto.

- **Cliente auditivo:** a una persona auditiva se le reconoce porque no está visualmente atenta a su alrededor, los ruidos distraen a estos individuos con facilidad, hacen muchas preguntas, generalmente tienen un movimiento de ojos de izquierda a derecha. Un ambiente con música funciona bien con estos prospectos. Para un cliente auditivo es muy importante escuchar cómo suena el motor de un auto, el poder de unas bocinas o el toque de un piano. Las palabras del vendedor se tornan proféticas.

- **Cliente sensitivo o kinestésico:** los tipos sensitivo generalmente utilizan mucho las manos. En su vocabulario utilizan palabras como: yo creo, yo siento, me da una sensación de, quisiera probarlo, etc. A estos clientes les gusta pegarle a las llantas del auto, sentir la vibración de una guitarra, probarse una prenda o sentir la firmeza del concreto. Los asesores deberán apelar a los sentimientos, a las impresiones, textura del producto, solidez de la compañía, construcción de un patrimonio, estabilidad de pagos y a la fuerza del carácter del cliente.

No se puede afirmar cuál de todos los tipos de personas es el más común pero los primeros dos minutos en los cuales platicamos con cualquier cliente potencial, podemos identificar en cuáles de los tres modelos encaja.

¿Cómo medir a la fuerza de ventas en el logro de sus metas?

¿Cómo podemos saber que el departamento de Ventas está realizando un buen trabajo? ¿Qué directrices se pueden utilizar para evaluar vendedores? Para calcular el desempeño de la fuerza de ventas es necesario tener definidos con claridad las metas y los objetivos que se quieren alcanzar. Existen dos tipos de medición; una cualitativa y otra cuantitativa:

- La evaluación cuantitativa supone **medidas de esfuerzo** como la tasa de visitas[19], número de propuestas formales presentadas, número de clientes nuevos y número de cotizaciones solicitadas. La parte cuantitativa incluye también **medidas de resultados** como volumen de ventas, número y promedio de los pedidos.

- La dimensión cualitativa por su parte incluye el conocimiento de los productos, las políticas de la compañía, de los competidores, así como la calidad

---

[19] Tasa de visitas es la relación entre el total de personas visitadas y el total de prospectos asignados.

de los informes, manejo del tiempo, relaciones con los clientes, apariencia personal y educación continua.

Algunos expertos consideran que la verdadera clave para determinar los logros de la fuerza de venta está en medir la rentabilidad total. La rentabilidad es la conjunción de efectividad (resultados alcanzados versus planificados), eficiencia (recursos alcanzados versus utilizados), y calidad (de producción y para el cliente). Existen algunas variables que se utilizan para la medición de la rentabilidad entre las que encontramos: el cumplimiento del plan de ventas, la efectividad en el plan de producción, la eficiencia en el uso de los recursos de comercialización, el control efectivo de los activos y pasivos, la administración de los programas de reducción de costos y la optimización en la gestión de calidad[20].

De cualquier manera lo importante está en medir. Solo de esta manera se puede corregir y optimizar. Recordemos que la suma de las mejoras individuales se convertirá en

---

[20] Estas variables que listo pueden volver la comprensión de nuestro texto en algo difícil. Para simplificar el método de evaluación por rentabilidad podemos utilizar el método del costo de *Marketing* presentado anteriormente.

colectivas, es decir, en un favorable resultado de la fuerza de ventas.

La coherencia: atributo personal muy valorado

El verdadero caballero es el que solo predica lo que practica.

Confucio

¿Qué significa que un individuo tiene "palabra"? ¿Qué representa la "palabra de honor"? Ser coherente implica actuar con acciones u obligaciones asumidas anteriormente. Por lo general las personas valoramos la coherencia; admiramos a las personas que parecen pensar, expresarse y actuar de una misma forma. El deseo de las personas no sólo de ser sino de parecer coherentes en sus actos, creencias y palabras nos lleva a lo siguiente:

- La coherencia es una cualidad valorada por la sociedad en su conjunto.
- Además de ser beneficiosa para la imagen pública de las personas, tener actitudes coherentes nos facilita planificar nuestra vida a diario.
- Ser coherentes proporciona una salida rápida a la complejidad de las responsabilidades.

- Actuar de forma coherente con decisiones anteriores reduce la necesidad de procesar toda la información otra vez ante un escenario nuevo, sólo debemos recordar la primera elección y actuar en consecuencia.

- En los negocios, el principio de coherencia suele utilizarse a menudo, siendo un gran aliado a la hora de convencer a la gente para que tome determinada acción.

Con esta técnica, se trata de inducir a la persona a que asuma un compromiso inicial en concordancia con lo que se le solicitará después. Las personas suelen aceptar peticiones si están coherentemente ligadas a un compromiso asumido inicialmente. Por ejemplo, el obligar a alguien a hablar sobre las bondades de un producto posibilitará que luego de hacerlo y actuando coherentemente, sea probable que esa persona opte por el producto cuyos beneficios exaltó y no sobre el de la competencia, aunque en su interior reconozca que el otro es mejor. Como consejo: inicia primero con pequeñas peticiones. Haz que el prospecto acepte una solicitud de bajo riesgo. No quieras soltar de inmediato tus intenciones porque podrías asustar al cliente potencial.

¿Qué es cerrar una venta?

En el proceso de ventas le llamamos "cierre" a la etapa final cuando prospecto y vendedor acuerdan una fecha de pago y se acepta la compra del producto por parte del cliente. En muchos casos no hay tal cosa como fecha de pago ya que la transacción se realiza al momento. Esta etapa en el proceso de la venta funciona como sinónimo de "terminación". También se le conoce como "cierre exitoso". En lenguaje empresarial, se dice "cerrar a un cliente" para dar a entender que se va a concretar una venta. El triunfo en una venta suele ser complicado para la mayoría de los vendedores que realizan ventas por catálogo o por medio de toque en frío[21], principalmente en aquellos productos que son de alto valor económico en el cual los clientes fácilmente pueden poner objeciones para no comprar.

En la mayoría de casos los vendedores temen solicitar la prima y la información necesaria para llenar un contrato de compraventa porque tienen miedo de ser rechazados

---

[21] Un toque en frío se le llama al acto de llamar, visitar o abordar a una persona que no conocemos o no ha tenido contacto previo con nuestra empresa.

por el cliente; saben que si el prospecto les dice que no, entonces todo el trabajo se habrá echado a perder.

Es importante tener claro que los vendedores obtienen sus ingresos personales por ventas cerradas y no por visitas ocasionales. Por tanto, es importante terminar el proceso de venta con éxito y para eso hay que identificar si el momento es oportuno. ¿Cómo determinamos si el momento es adecuado? No debemos cerrar la venta de forma precipitada si el cliente no está listo o no se ha decido por la compra. El prospecto emitirá señales favorables a través de comentarios o preguntas que harán evidente su interés, como: ¿Qué otros colores tiene? Si doy US $2.5 de prima, ¿de cuánto quedan las mensualidades?, ¿Cuánto es el tiempo de espera para la entrega?

Es importante reconocer que si no se cierra una venta es por deficiencias en el proceso de negociación que el vendedor debe escuchar y si tiene un factor común de objeción debe superarlo. Estas son solo algunas pautas. El vendedor tendrá que ser hábil para identificar el momento adecuado para el cierre de venta.

El toque en frío: utilizado por valientes

Si haces una venta, te dará suficiente para vivir. Si inviertes tiempo
y prestas un buen servicio al cliente, puedes hacer una fortuna.

Jim Rohn

¿Quién dijo que vender era fácil? Si vender fuera una profesión sencilla de aprender cualquier idea de negocio fructificaría porque podríamos encontrar prospectos y hacer que nos compren. La tarea de ventas no es fácil a pesar de las muchas herramientas con las que cuentan los vendedores en la actualidad. Para algunas personas acercarse a entablar una conversación es algo automático mientras que para otros es toda una proeza. El toque en frio es sin duda una prueba ácida que determina y forja el carácter de los buenos vendedores. Decimos que este abordaje es utilizado por valientes porque se necesita mucho carácter para acercarse a una persona que tiene alta probabilidad de rechazarnos. Algunos vendedores saben que pueden ser causa de enojos, gritos, ademanes y palabras malsonantes. Por ejemplo en la venta casa por casa de algún artículo cualquiera, el vendedor debe usar de manera práctica y hábil todos los elementos con los que cuenta y teniendo en mente el siguiente proceso:

- **Fase I, prospección**: aquí no existe una prospección cuando tocas la puerta y te atienden. Debes usar las palabras clave para logar que te abran la puerta.

- **Fase 2, demostración**: debes presentar tu producto por medio de una demostración o el uso adecuado de un catálogo u otra herramienta. Aquí también funciona la identificación de la necesidad y argumentar positivamente el producto.

- **Fase 3, cierre del negocio:** hacer ver al cliente que se ha hecho la mejor elección, con el precio más bajo y el mejor servicio post venta antes de hacer el contrato de compra-venta.

- **Fase 4, servicio postventa:** significa atender las necesidades posteriores a la venta que tenga nuestro cliente. La buena gestión de este servicio puede generar recomendaciones.

No importa el tipo de producto, si el toque en frío se realiza casa por casa o por teléfono, hay que tener claro las fases anteriores para generar mejores resultados.

El *telemarketing*: magia a distancia

Desarrolla el hábito de escuchar y dejar que el cliente domine la conversación.

Brian Tracy

Las ventas por teléfono son una forma adecuada de atender a los clientes y obtener ingresos. Este formato se puede utilizar tanto para clientes actuales y potenciales[22].

¿Cómo utilizar adecuadamente un modelo de ventas por teléfono? Esto dependerá del tamaño de la empresa y las finalidades para las que se desea utilizar. Se pueden definir tres usos básicos en tele-ventas. Estos usos no son excluyentes pero no es recomendable utilizarlos simultáneamente si el departamento está comenzando.

- **Atención de clientes actuales**: se puede atender a toda la cartera de clientes. Una segunda opción es tener una lista segmentada de acuerdo al volumen

---

[22] No subvaloremos esta actividad. El *telemarketing* es toda una industria desarrollada. Podemos encontrar *Call Center*s con 5, 100 y hasta 1,000 empleados. Algunos términos para dirigirse al puesto de *tele-ventas* son *Telemarketer*, *Telesales*, *Agent*, *Representative*, *Operator*, Asesor o Vendedor.

de compras y atender a los consumidores de menor gasto por teléfono.

- **Atención de clientes nuevos**: en algunas empresas un vendedor de campo hace la prospección y reclutamiento de nuevos clientes. Después de 4 semanas de visita se puede catalogar de acuerdo su importancia y decidir si se mantiene con atención del vendedor o pasa a *telemarketing*.

- **Ventas a clientes nuevos o toque en frío:** si la empresa desea crecer en clientes puede hacerlo con un directorio telefónico y hacer llamadas al azar.

No hay que dejar de lado que las ventas por teléfono no solo serán una herramienta comercial sino también una herramienta de recepción de quejas y sugerencias; en algunos casos también se pueden realizar encuestas después del pedido. La correcta administración de un departamento de *telemarketing* puede generar beneficios y alta rentabilidad para cualquier empresa.

Atención al cliente como ventaja competitiva

El buen servicio te lleva a lograr múltiples ventas. Si atiendes bien a tus clientes, te abrirán puertas que nunca habrías podido abrir solo.

Jim Rohn

En más de una ocasión hemos escuchado de un cliente decir: "Al proveedor X no lo cambio; quizás lo dejaría por el precio del producto (es decir, precio alto) pero me quedo con él porque las entregas, el servicio, el vendedor, etc., son excelentes" Dicen que en las agencias de *Marketing* las cuentas se ganan por creatividad pero se pierden por el servicio.

¿Cómo saber si estamos atendiendo correctamente al cliente? Es una pregunta que podemos responder mediante una evaluación de servicio con un par de directrices: simplemente se trata de escuchar al cliente y hacer las políticas adecuadas para que perciban la calidad en la atención. Por ejemplo, cuando se vende un artículo de consumo popular como detergente, sabemos que existen varias marcas de calidad similar en el mercado. Si estamos conscientes que no somos el proveedor más accesible económicamente debemos competir mejorando el servicio. Esto lo logramos entregando el producto en tiempos adecuados y esperados por el cliente, tener vendedores que se expresen adecuadamente y empoderarlos para resolver problemas, definir tiempos de solución de quejas y cambios de producto, etc.

Las acciones que el cliente valora en la competencia debemos reunirlas y hacerlas parte de nuestra "cadena de valor". Al final la calidad del servicio al cliente depende del capital humano, por tanto debemos definir incentivos económicos como no económicos para retener al personal.

4.- Conclusiones

No abandones las habilidades y experiencias que ya has adquirido; busca una forma nueva de aplicarlas. Pon la mira en el futuro, no en el pasado. Estos reajustes creativos suelen llevarnos a un camino mejor; nos sacan de nuestra complacencia y nos fuerzan a reevaluar nuestro destino.

Robert Greene

Según Robert Greene, la maestría se consigue mediante dos caminos. Ya sea por medio de un mentor o con la autoeducación. Convertirse en maestro puede ser tarea de toda una vida. La diferencia se puede marcar desde el inicio. Si la primera persona que te enseñó sobre el tema no tenía pasión que contagiarte, lo más probable es que tampoco genere mucho interés al respecto. Sin embargo, si tu mentor logró transmitir la pasión por su trabajo, a ti también te pegará el entusiasmo.

Desafortunadamente, no siempre puedes encontrar un mentor para todo. En muchos casos tendrás que asumir las riendas del conocimiento y buscar información al respecto. Tu inspiración puede llegar de un individuo que vivió en otra época o habla otro idioma distinto al tuyo. Recuerda que vivimos en la era de la información y existen muchos recursos gratuitos para poder aprender casi cualquier cosa. Nadie nació sabio o educado. Necesitas tiempo y dedicación para alcanzar la meta.

Las horas que te tome aprender el arte de las ventas y su asimilación no serán tiempo perdido. Aunque más tarde te dediques a algo distinto, lo que hayas aprendido te servirá en muchas áreas de tu vida. Adquiere conocimiento de otros aspectos de tu vida, consulta más libros relativos al tema y prueba todo lo que aprendas. Si sabes inglés, existen más recursos disponibles a tu alcance. Brian Tracy, Oren Klaff, Chet Holmes, Alan Weiss, Neil Rackham son algunos expertos en el tema de ventas. Si quieres entender todo el mundo de los negocios y las ventas, te recomiendo que leas a Josh Kaufmann y su libro Tú Propio MBA, el cuál condensa una gran cantidad de información y al igual que este libro, te dejará sólo lo más importante para salir a la calle.

Si me preguntaran cuál es la enseñanza más importante de esta jornada, diría que se centra en el poder que tienen las historias para envolvernos y la fuerza que tienen las técnicas de venta para incitarnos a la acción. Los expertos cuentan historias; los novatos venden productos.

Anexo A: La tasa de cierre

Recuerda que lo más importante respecto a cualquier empresa, es que los resultados no están en el interior de sus paredes. El resultado de un buen negocio es un cliente satisfecho.

Peter Drucker

¿Cómo podemos evaluar la efectividad de los esfuerzos de Ventas? ¿Qué es lo más importante para un vendedor? ¿Es mejor aumentar sus ventas totales o por otro lado es preferible ganar más dinero con menos prospectos?

El presente anexo contiene una explicación de qué es y cómo funciona el concepto de la tasa de cierre. En sí mismo, este concepto no es una técnica, pero sí representa una ventaja competitiva en aquellos individuos que logran entenderlo y aplicarlo. Este término es fácil de comprender al inicio. Pero a medida que nos adentramos en ella, nos daremos cuenta que es una idea muy compleja. De ahí la razón por la cual la mayoría de los asesores y supervisores no tienen interés en aplicar esta idea en los centros de trabajo. ¿Deseas convertirte en un líder de ventas? ¿Quieres incrementar tus ingresos y formar a otras personas en el arte de vender? Mi sugerencia es que primero conozcas las técnicas de venta. Aplícalas. Repásalas. Mejóralas. Luego aprende cómo funcionan los indicadores. Sin dudarlo pasarás al siguiente nivel.

Hemos de estar claros que para que un agente logre una venta, primero tuvo que haber un contacto con un prospecto. En la industria de *tele-ventas* muchas empresas generan cientos de prospectos para la fuerza comercial por medio de campañas de *Marketing*.

La tasa de cierre de un vendedor la podemos definir como la relación que existe entre las ventas que una persona logra en relación a la cantidad de prospectos que tenía. Es un porcentaje. Este número nos indica una eficacia. Entre menos sea el porcentaje, significa que menos es la efectividad para lograr una venta.

Esta métrica comercial puede establecerse de acuerdo a prospectos, registros válidos, a citas[23] o a promesas. Existen varias maneras de obtener y utilizar esta medida de un vendedor. A continuación las más comunes.

---

[23] En la jerga de *telemarketing* se le llama comúnmente "cita" a una llamada programada en donde se le darán informes a un prospecto. También puede suceder que una cita se programe "al momento".

- De prospecto[24] a venta: se dividen las ventas entre los registros que el vendedor obtuvo. La fórmula es [ventas/prospectos totales= tasa de cierre]

- De prospecto válido[25] a venta: se dividen las ventas entre los registros válidos que el vendedor recibió. La fórmula es [ventas/prospectos válidos totales= tasa de cierre]

- De cita a venta: se dividen las ventas entre las citas que el vendedor recibió o generó. La fórmula es [ventas/citas totales= tasa de cierre]

- De promesa[26] a venta: se dividen las ventas entre los convenios que el vendedor logró. La fórmula es [ventas/promesas totales= tasa de cierre]

Entonces… ¿cómo calcular la tasa de cierre?: puedes obtenerla de un vendedor de varias maneras dependiendo de cuál tasa quieras obtener (a prospecto, a prospecto válido, a cita o promesa). Para el caso de la tasa más común, si quieres calcular la tasa de cierre de prospecto a

---

[24] Un prospecto es definido como un registro en donde una persona deja sus datos personales para ser contactado.
[25] Un prospecto es válido cuando una persona deja datos reales para ser contactado.
[26] Es una cita efectiva en donde se le dan informes al prospecto con un acuerdo de por medio.

venta, solo tienes que dividir las unidades vendidas entre los registros que al agente se le otorgaron. Si a una persona que se le entregaron 100 prospectos y afirma que logró una tasa de éxito del 3%, entonces podemos deducir que generó 3 ventas.

¿Cómo se leen estas medidas? Para la tasa de prospecto a venta, puedes obtener este indicador de la cantidad de transacciones que puede lograr una persona de acuerdo a la cantidad de registros que obtiene. ¿Notas que el vendedor puede manejar más registros y aumentar sus ingresos? O por otro lado ¿notas que entre más registros le otorgas a una persona no hay cambios en sus transacciones?

En el caso de del indicador de promesa a venta, puedes leer este número como el porcentaje de ventas que se logran de acuerdo a la cantidad de convenios que el vendedor tiene. Así por ejemplo, Juan del departamento de comercial, tiene un indicador de promesa-a-venta del 40%. Eso significa que de cada 10 acuerdos, él logra obtener 4 éxitos. ¿Notas que los ingresos del agente no aumentan a medida que realiza más promesas? ¿Significa esto que tu vendedor no está realizando el seguimiento correcto?

Otra métrica a considerar es de cita a venta. Este número nos muestra cuántas ventas logra un agente de una cantidad determinada de llamadas agendadas. Recordemos que las citas, al ser un paso anterior a una promesa, son un buen indicador de volumen de llamadas calificadas.

¿Cuántas llamadas perfiladas se necesitan para concretar una venta? ¿Cómo mejorar la tasa de victorias? Importante: no hay que confundir aumentar la tasa de cierre con aumentar las ventas totales. Aunque en apariencia están relacionadas, existen matices diferenciadores que son críticos[27].

Son varios los factores que componen una tasa de cierre. Si revisamos la fórmula común de [ventas/prospectos totales= tasa de cierre], hemos de desglosar los 2 elementos que intervienen para que se dé la tasa de cierre:

- El factor ventas, incluye:

---

[27] Durante la investigación de Danilo Zafhir encontramos varios casos de vendedores de seguros. Por un lado había asesores que solicitaban más registros para aumentar sus ventas. Esto causaba un aumento de sus ventas totales. Por otro lado había agentes que tenían que aumentar sus ventas con la misma cantidad de registros. Esto aumentaba la tasa de cierre.

- 1) Temporalidad.[28]

- 2) Llamadas totales.

- 3) Tiempo total en llamada.

- 4) Habilidad de cierre.[29]

- 5) Experiencia en cierre.[30]

- 6) Incentivos.

- El factor registros, incluye:

  - 1) Prospectos totales.

  - 2) Validez de prospecto.

  - 3) Tiempo de respuesta a prospectos.

  - 4) Porcentaje de *leads* atacados.

  - 5) Seguimiento.

---

[28] La temporalidad se refiere al efecto que tiene el ciclo de compra de los clientes en nuestras ventas. Piensa por ejemplo en el efecto que la Navidad tiene en las empresas. Muchos negocios ven un aumento de sus ventas en Diciembre. Esto es temporalidad.

[29] La habilidad de cierre es más subjetiva pero algunas empresas emplean este calificativo para capacitar a su fuerza de ventas. Un asesor novato por ejemplo, que tenga talento en ventas, podemos decir que tiene alta habilidad de cierre.

[30] La experiencia en cierre se adquiere por medio de la práctica: entre más llamadas, visitas, citas, entrevistas con clientes tengamos, más experiencia en cierre tendremos.

Aumentar la tasa de cierre es una tarea que involucra alterar alguno de los factores antes mencionados. ¿Deseas aumentar tus ventas?

Recomiendo aumentar la tasa de cierre con las siguientes actividades:

1. Aumenta tus llamadas totales.

2. Encuentra cuál es el tiempo total promedio que debería durar una llamada[31].

3. Aprende nuevas técnicas de venta en el corto plazo.

4. Trabaja más tiempo en el área comercial. Aumenta tu experiencia.

5. Emplea incentivos: utiliza una promoción de precio especial, tiempo limitado o edición exclusiva.

6. Aprovecha la temporalidad del producto.

7. Aumenta la cantidad de registros que recibes.

8. Atiende más rápido los registros que obtienes.

---

[31] ¿Cuánto dura una llamada o una conversación? ¿Estás aprovechando tu tiempo al máximo? ¿Has identificado prospectos con los cuales platicas mucho pero no compran tus productos?

9. Aumenta la cantidad de registros que atiendes en relación a todos los que llegan (en la industria, hasta un 30% de los registros recibidos no se atienden).

10. Realiza un mejor seguimiento a los prospectos que te dan.

11. Simplifica el proceso de venta. Entre más sencillo le parezca al prospecto mejor.

12. Carga de energía tu discurso de ventas. Los argumentos y listas de características tienden a informar, no a convencer. Primero emoción, luego razón.

Anexo B: Equivalencias de términos

La siguiente tabla será de utilidad a la hora de emplear la terminología en Ventas y *Marketing*. Es común que los profesionales de estas áreas mezclen palabras en español o inglés.

Términos empleados en Ventas y *Marketing*	
Español	**Inglés**
Tasa de prospecto a venta.	*Lead to sale rate/lead to close won rate.*
Tasa de prospecto válido a venta.	*Valid lead to sale rate/valid lead to close won rate.*
Tasa de cita a venta.	*Appointment to sale rate/appointment to close won rate.*
Tasa de cita efectiva a venta.	*Appointment show to sale rate/appointment show to close won rate.*
Temporalidad	*Temporality.*
Llamadas totales	*Total calls.*

Términos empleados en Ventas y *Marketing*	
(Continuación)	
Español	**Inglés**
Promedio máximo de duración de llamada.	*Average max call length. Average max call duration.*
Técnica de cierre de venta.	*Closing sale technique.*
Experiencia en cierre de venta.	*Closing sale experience.*
Incentivo.	*Incentive.*
Prospectos totales.	*Total leads.*
Prospecto válidos.	*Valid leads.*
Tiempo de respuesta a prospectos.	*Lead response time.*
Total de prospectos atendidos.	*Total leads reach.*
Seguimiento.	*Persistency-follow up*
Prospecto	*Lead*
Registro	*Record*
Embudo de Ventas	*Sales funnel*
Embudo de *Marketing*	*Marketing funnel*
Presentación	*Pitch*

Anexo C: El reporte final y las cartas *Venditum*

Al concluir su investigación sobre los vendedores del *Call Center* de seguros financieros, Danilo Zafhir elaboró un reporte dirigido a los líderes de la compañía. El escrito mantiene un lugar y fecha de Monterrey, Nuevo León de 2011. En los siguientes anexos voy a incluir notas relacionadas con el informe final del investigador. Estos anexos han sido extraídos de la bitácora original de comentarios del hindú durante su pesquisa. He decidido que las notas del informe deben separarse en anexos y no formar parte del contenido principal de este libro. Estoy seguro que de esta forma, el lector podrá enfocarse en la historia de Danilo Zafhir, conocer y aplicar las técnicas de venta; aquellos que deseen saber más detalles podrán acudir a estos anexos cuando lo prefieran.

Estos apartados son importantes porque tienen el fin de mostrar el patrón que existe entre las imágenes contenidas en las anotaciones de los vendedores y las técnicas que ellos emplearon. También se brinda una corta explicación para identificar algún significado en los dibujos. En cada apartado Danilo Zafhir incluyó una pregunta final que apunta a las actividades de los vendedores y que puede ser de inspiración para el lector.

Los cuadernos que revisó el experto en *Storytelling* brindan el siguiente estado:

- Total de libretas: 20
- Cantidad de libretas revisadas: 9
- Imágenes principales identificadas: 9
- Imágenes principales sin revisar: 1
- Total de imágenes: 75
- *Telemarketers*: 10

Comentarios sobre la simbología.

Danilo Zafhir identificó 9 cartas durante su trabajo de exploración en el *Call Center*. Cada carta tiene un nombre que ha sido seleccionado de las notas originales de los asesores. En cada anexo también se incluye una breve explicación de la carta. El revisor seleccionó de entre todos los símbolos, las imágenes que fueran lo más representativas posible de las notas de los empleados. Vaya en realidad había decenas de imágenes en los cuadernos del personal de ventas pero los aquí presentados son las piezas clave.

De acuerdo a los apuntes, el hindú sostiene que estas insignias guardan una secuencia para leerse. Los vendedores emplean estas imágenes como una especie de recordatorio, inspiración o repaso de las técnicas de cierre de ventas que más efectividad han tenido. Los *telemarketers* vieron en las cartas la oportunidad de aplicar claves mnemotécnicas y codificar así sus mejores secretos.

Al ser cuestionados acerca de las cartas, una minoría de los asesores vio la práctica de los símbolos como algo esotérico. En otras palabras, algunos asesores creían que el uso y la correcta aplicación de las cartas les brindaban un poder sobre humano. Incluso había individuos que achacaban a las cartas algo maldito. Sin embargo, la mayoría del personal del *Call Center* hizo alusión a las cartas como una práctica basada en resultados, en números y métodos.

Por los comentarios de Danilo Zafhir cada carta y la secuencia que asignemos activarán algo en nuestro cerebro primitivo que nos incitará a aplicar una directriz.

Anexo D: El Cambio

Es la carta que más he visto repetida. El Cambio es como una pócima para la mente. Había rumores de que la ilustración "El Cambio" era la más poderosa. La carta nos muestra una familia, una casa, una colina y un rayo atravesando la vivienda. La mayoría de las veces las personas se ven forzadas a enfrentar una situación que les demanda cambiar y desarrollarse. Si las cosas están estables no hay necesidad para cambiar. ¿Será esta la razón por la cual los asesores incitaban a la acción al amenazar la realidad de prospecto?

Anexo E: La Persona

Una carta dual. La Persona es una figura insólita para mí.
Según cuenta el personal, los asesores deberían manejar
varios roles. En la imagen se presentan los rostros de dos
personas: un hombre y una mujer. Se aprecian montañas a
lo lejos. A toda persona se le conoce no por sus palabras
sino por sus actos. Uno sabe en lo que cree una persona
no por lo que esta nos diga, sino a la luz de sus actos. Los
opuestos son la clave: *Némesis* es el término central. ¿Es
verdad que el cliente es el centro de toda historia?

Anexo F: El Progreso

El Progreso es extraordinario. Este gráfico me recuerda una jornada. En la imagen podemos apreciar las escalinatas, una montaña, una persona, una serpiente, un pelícano; en lo alto de la montaña está dibujado un tigre. Sin dificultades la vida no tendría ningún interés. ¿Por qué nos atrae tanto lo prohibido? El dibujo nos indica que entre más se comprometa un cliente con la venta menos probabilidad tendrá el prospecto de cancelarla. Las piedras flotantes ejemplifican cómo accedemos primero a peticiones simples y luego a solicitudes más complejas. El hombre localizado en el tercer grado nos exhorta a facilitarle al prospecto un inicio "gratuito" y no desde cero.

Anexo G: La Felicidad

La Felicidad me produce muchas preguntas. Esta simbología me recuerda el espacio, el mundo, la realidad y la esencia. En el símbolo podemos apreciar un hombre, tres caminos, una montaña, un cielo a lo lejos y una casa al final. Sin un objetivo las personas solo caminan sin dirección. Incluso muchas veces las personas no se interesan por el desenlace de un viaje, sino de los detalles del trayecto. ¿Por qué las personas siempre desean salir victoriosas o felices en sus misiones? El cliente espera algo. No olvidemos eso. Nuestro deber es averiguar el motivo real por el cual el prospecto desea adquirir nuestro producto o servicio.

Anexo H: La Mentira

La Mentira es sorprendente puesto que este símbolo me recuerda la soberbia y confianza ciega en uno mismo. Esta ilustración implica una decepción que surge al darnos cuenta que las cosas no son "como habíamos pensado". Esto tiene que ver con los errores que cometemos por precipitarnos en nuestros planes. El dibujo incluye dos planetas: mientras que uno de ellos tiene un par de ojos encima, el otro tiene un solo ojo arriba. También se aprecia un cielo y montañas. En *Marketing* la percepción es realidad.

Anexo I: El Tiempo

El Tiempo es difícil de descifrar ya que este distintivo me recuerda al mundo[32]. La carta tiene un reloj de arena, un sol, una luna, una brújula, el mar, la arena, una palma y un caracol. De acuerdo con las notas de los vendedores, cada cliente vive un momento preciso. Aquí sucede el sentido de urgencia. El lenguaje oculto. Lo que no está en papel. El caracol y el reloj de arena nos muestran lo relativo que puede ser el tiempo y la importancia de manipular su percepción a nuestro favor. La brújula superior implica

---

[32] Por los textos elaborados por Danilo Zafhir podemos inferir cierta admiración hacia las cartas. Al leer estas notas podríamos pensar que el autor tiene inseguridad; es asombro.

que existen varias direcciones a tomar y por ende múltiples historias que contar en un mismo periodo.

Anexo J: El Caos

El Caos me parece interesante por demás. Aquí se presentan dos leones. Al fondo se pueden apreciar dos planetas. Este dibujo me inspira a creer que el caos es bueno porque es indicio de que se han puesto en movimiento las fuerzas para lograr un deseo. Muchas personas opinan que el conflicto es algo malo. Cosa contraria. El conflicto es un producto de la fricción. Cuando dos personas están cercanas hay probabilidad de que tengan contacto personal, laboral o amoroso en algún momento. Si existe movimiento tarde o temprano habrá un conflicto. El choque a su vez nos indica que hay un motivo moviendo fuerzas opuestas.

Anexo K: La Emoción

La Emoción es para mí un *insight* total: en la imagen aparece una persona en el agua, un tigre y una flecha. Otra persona tiende la mano. Hay dos orillas. Aparecen las palabras *Deus Ex Machina*. Algo que he notado es que siempre que aparece este dibujo hay suciedad en las hojas. Las notas están como manchadas. Esta imagen me recordó la incertidumbre. Pienso en las emociones. "Activación emocional" diría un amigo psicólogo. Puedo asegurar que esta carta se refiere al uso de emociones con los clientes. La lógica no incita a nadie a la acción, solo nos da justificaciones. ¿Será que a los clientes no les gusta el azar en las transacciones?

Anexo L: El Mimo

El Mimo me cautivó: en la imagen podemos apreciar un mimo que sostiene un juego de cartas. Creo que la misión del mimo es asombrarnos. El propósito del mimo es generar movimiento y acción. Recordemos las palabras de Marcel Marceau: un mago hace lo visible invisible mientras que un mimo convierte lo invisible en visible. Esta imagen aparecía en las notas de los vendedores pero dudo que tenga algo que ver con los gestos y ademanes realizados cuando se está vendiendo: tiene más relación con la "actuación" que uno haga a través del tono de voz, el escenario, vestimenta, analogías, metáforas, anécdotas, etc.

5.- Fuentes a consultar

Cialdini, R.B. (2006). Influence: The psychology of persuasion (Revised). New York. Harper Business.

Gottschall, J. (2012). The storytelling animal: How stories make us human. Boston: Houghton Mifflin Harcourt

Guerrero, L.K., Andersen, P.A. & Afifi, W.A. (2013). Close encounters: Communication in relationships. Los Angeles. Sage.

Kaplan, M. (2012). Secrets of a master closer: A simpler, easier, and faster way to sell anything to anyone, anytime, anywhere (2n Ed) Master Closers, Inc

McKee, R. (1997). Story: substance, structure, style and the   principles of screenwriting. New York: Regan Books.

www.ingramcontent.com/pod-product-compliance
Lightning Source LLC
Chambersburg PA
CBHW030006190526
45157CB00014B/859